ENCYCLOPEDIA BROWN #10: Takes the Case by Donald J. Sobol

Copyright ⓒ Donald J. Sobol, 1973 All rights reserved.
This Korean edition was published by Sallim Publishing Co., Ltd.
in 2011 by arrangement with Donald J. Sobol co Mclntosh and Otis,
Inc., New York through KCC(Korea Copyright Center Inc.), Seoul.

이 책의 한국어판 저작권은 ㈜한국저작권센터(KCC)를 통한 저작권자와의 독점 계약으로
㈜살림출판사에 있습니다.
저작권법에 의해 한국 내에서 보호를 받는 저작물이므로 무단 전재와 복제를 금합니다.

도널드 제이 소볼 지음 박기종 그림 이정아 옮김
신나는 과학을 만드는 사람들 솔루션 집필 및 감수

살림어린이

추천의 글

과학은 재미있고 즐거운 공부입니다. 하지만 보통 과학은 어렵고 지루하다고 느끼는 경우가 대부분입니다. 그렇다면 좀 더 재미있고 즐겁게 과학을 알 수 있는 방법은 무엇일까요? 바로 우리 주변에서 일어나는 일들을 주의 깊게 관찰하여 차근차근 과학에 접근하는 것입니다.

과학탐정 브라운은 주변에서 일어나는 사건들을 해결하는 과정을 통해 재미있는 방식으로 과학을 이해합니다. 소년 탐정이 사건을 하나씩 해결하는 과정을 따라가다 보면 어느새 과학의 즐거움을 느낄 수 있을 것입니다.

뿐만 아니라 과학 솔루션에서 사건과 관련된 과학 원리를 설명해 주어서 과학을 좀 더 쉽게 이해할 수 있습니다.

과학 솔루션은 초등 교과 과정과 연관된 물리, 화학, 생물, 지구 과학을 다양하게 접할 수 있도록 구성하였습니다. 이러한 과학 원리의 기초를 잘 익혀 두면 중·고등학교에 진학해서도 과학을 쉽게 공부하는 데 큰 도움이 될 것입니다.

　지금부터 여러분은 과학탐정이 되어서 생각하고 행동해 보세요. "과연 왜 그럴까?" 하는 호기심을 가지고 출발하면 됩니다. 이 호기심들을 논리적으로 풀어 나가다 보면 어느새 사건을 해결하는 동시에 과학적인 사고도 쑥쑥 커져 있을 것입니다.

　자, 이제 과학을 재미있게 경험할 준비가 되었나요? 과학탐정 브라운이 되어서 사건 속에 숨어 있는 과학을 찾아 나서 봅시다.

신나는 **과학**을 만드는 사**람**들

등장인물

로로이 브라운

한 번 읽은 것은 모두 기억하여 '인사이클로피디아'라 불림.
타고난 추리력으로 사설탐정소를 운영하고 있다.

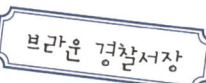
브라운 경찰서장

아이다빌 시의 경찰서장이자 브라운의 아버지.
잘난 아들 덕에 범죄 해결은 만사 OK!

샐리 킴볼

미모와 지혜와 운동 신경을 모두 갖춘 여학생.
브라운의 사설탐정소 동업자이자 보디가드로 활약한다.

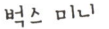
벅스 미니

말썽쟁이 소년 집단 호랑이 패의 우두머리.
브라운과 샐리를 미워하고 복수를 꿈꾸기도 한다.

차례

- 진짜 도둑의 거짓말을 밝혀라! — 8
- 움직이는 낡은 집의 비밀 — 20
- 시계탑 시간의 진실을 밝혀라! — 32
- 유리병 속의 틀니 도둑을 잡아라! — 44
- 가르마를 바꾼 스킨다이버의 속셈 — 56
- 맨발의 도둑을 잡아라! — 68
- 개 수영 대회의 음모를 밝혀라! — 80
- 지구본을 깨뜨린 범인을 찾아라! — 94
- 스컹크에게 독약을 먹인 범인의 정체 — 106
- 난폭 운전자를 잡아라! — 118

진짜 도둑의 거짓말을 밝혀라!

전국의 경찰관들은 모두 똑같은 질문을 받았어요. 아이다빌 시에서는 법을 어긴 사람들이 빠져나가지 못하는 이유가 뭐냐고.

아이다빌은 그만한 크기의 다른 해변 도시들과 크게 다르지 않았어요. 델리 식료품점이 두 곳, 영화관이 세 곳, 은행이 네 곳 있었어요. 이곳저곳에 교회당과 유대인 회당도 있었고, 멋진 백사장도 있지요.

아이다빌 시의 로버 거리에는 붉은 벽돌로 된 특별한 집이 있었어요. 그 집에는 아이다빌이 범법자들과 벌이는 전쟁의 비밀 병기인 열 살짜리 인사이클로피디아 브라운이 살고 있었어요.

아이다빌 시의 경찰서장인 브라운 서장은 부하 경찰관들을 자랑스러워했어요. 하지만 도움을 요청할 만큼은 아니었어요. 경찰에서 풀 수 없는 어려운 사건이 생기면 브라운 서장은 사건 파일을 들고 퇴근했어요. 저녁 식사가 끝나기도 전에 인사이클로피디아가 사건을 해결해 주었으니까요.

브라운 서장은 아들을 세상에 자랑하고 싶었어요. 텔레비전에 나가 "우리 아들은 위대한 탐정이다!"라고 알리고 싶을 정도였어요.

하지만 아이다빌 시의 경찰이 세운 완벽한 기록을 만든 사람이 5학년 아이라고 하면 누가 믿겠어요?

인사이클로피디아도 아빠를 도와준 일에 대해서는 입도 벙긋하지 않았어요. 또래의 다른 아이들과 다르게 보이고 싶지 않았거든요.

하지만 별명은 어쩔 수가 없었어요. 인사이클로피디아를 진짜 이름인 르로이로 부르는 사람은 부모님과 학교 선생님들뿐이었죠. 다른 사람들은 모두 그를 인사이클로피디아로 불렀어요.

'인사이클로피디아'는 온갖 지식들을 정리해 놓은 백과사전을 일컫는 말이에요. 탐정 인사이클로피디아의 머리가 바로 백과사전이었지요. 인사이클로피디아는 한번 읽은 것은 절대 잊어버리지도 않았거든요.

　브라운 서장이 풀어야 할 어려운 사건들은 아이다빌 시에만 있는 것이 아니었어요.

　어느 금요일 저녁, 브라운 서장이 다른 고장에서 발생한 미스터리한 사건에 대해 이야기를 꺼냈어요.

　"힐스 그로브의 빌 칼리튼 경찰서장이 오늘 아침에 전화를 했더군. 골치 아픈 도난 사건이 생겼다오."

　"여보, 힐스 그로브라면 캐나다에 있잖아요?"

　브라운 부인이 말했어요.

　"캐나다 북부에 있는 고장이오. 여름에도 가끔씩 기온이 영하로 떨어지는 곳이라오."

　브라운 서장이 말했어요.

　"아이다빌 경찰서가 유명하긴 유명하군요. 캐나다에서까지 도와달라는 전화가 오다니!"

　브라운 부인이 자랑스러워하며 말했어요.

　"무엇을 도난당했는데요, 아빠?"

인사이클로피디아가 물었어요.

"1만 달러란다. 돈은 아서 리히터 부부 집의 금고에서 3일 전에 도둑맞았다는구나."

브라운 서장이 차를 마시며 말을 이었어요.

"칼리튼 서장에게서 사건에 대한 것은 다 들었는데, 여전히 도둑 잡는 걸 도와줄 수가 없어 걱정이구나."

"르로이에게 말씀하세요."

브라운 부인이 말했어요.

브라운 서장이 아들을 보고 미소를 지었어요.

"준비 됐니, 아들?"

브라운 서장은 웃옷 주머니에서 수첩을 꺼냈어요. 그리고 적어 두었던 것을 읽어 내려갔어요.

"지난 금요일에 리히터 부부는 디트로이트로 주말 여행을 떠났다. 참고로, 리히터 부부는 힐스 그로브에 산 지 3년 되었다. 떠나기 전에 리히터 부부는 급한 일이 생길 경우를 대비해 집 열쇠를 친구인 시드니 오클랜드에게 맡겼다. 토요일에 오클랜드 씨가 그 집엘 들어갔다."

"급한 일이 생겼나요?"

브라운 부인이 물었어요.

"아니오. 날씨가 추워졌다는구려. 오클랜드 씨의 말에 따르면 바깥 기온이 영하로 떨어져 그 집의 실내 온도는 괜찮은지 확인하려 했다는 거요."

브라운 서장은 대답에 이어 수첩에 적은 것을 다시 읽어 내려갔어요.

"오클랜드 씨는, 토요일 아침 10시에 그 집에 들어갔다고 말했다. 현관문을 들어섰는데 서재 쪽에서 무슨 소리가 들렸다. '거기 누구요?'라고 소리치며 서재 문을 열었다. 두 남자가 금고 앞에 있다가 오클랜드 씨에게 달려들었다. 오클랜드는 안경이 떨어지는 바람에 꼼짝을 못했다. 안경 없이는 한 치 앞도 못 본다고 했다. 두 남자가 오클랜드 씨를 결박해 놓고 떠나 오클랜드 씨는 한 시간 만에 가까스로 줄을 풀고 경찰에 신고를 했다."

"안경이 떨어지기 전에 그 두 남자의 얼굴은 보았대요?"

브라운 부인이 물었어요.

"보았다는구려. 다시 본다면 알아볼 수 있다고 했대요."

브라운 서장이 말했어요.

"그러면 뭐가 미스터리인가요, 여보? 칼리튼 경찰서장이 도와달라고 전화를 한 이유를 모르겠네요."

브라운 부인이 말했어요.

"서장은 오클랜드 씨를 의심하고 있소. 오클랜드 씨가 돈을 훔치고는 두 도둑 이야기를 꾸며냈다고 여기고 있지. 그런데 그걸 받쳐 줄 증거가 없다오."

브라운 서장이 말했어요.

브라운 부인은 인사이클로피디아를 흘끗 보았어요. 소년 탐정은 아직까지 특별한 질문을 하지 않고 있었어요. 사건을 해결할 결정적인 질문 말이에요.

인사이클로피디아가 두 눈을 감았어요. 탐정은 생각을 골똘히 할 때면 항상 눈을 감는 버릇이 있었어요.

갑자기 탐정이 두 눈을 번쩍 뜨며 물었어요.

"집 안의 온도가 몇 도였어요, 아빠?"

브라운 서장은 수첩을 보았어요.

"오클랜드 씨는 집에 들어갔을 때 집 안이 쾌적했다고 했다. 안경을 찾아 쓰고 경찰에 신고를 한 후 온도계를 살펴보았더니 화씨 70도였다는구나."

"어쩌면 좋아……."

브라운 부인이 낙담한 목소리로 중얼거렸어요. 부인은 항상 저녁 식사가 끝나기도 전에 아빠를 위해 사건을 해결하는 아들을 자랑스러워했어요. 하지만 이번에는 후식을 다 먹을 때까지 기다려야 할 것처럼 보였어요.

"온도가 중요하니?"

부인이 물었어요.

"그냥 온도가 아니에요, 엄마. 집 안의 온도예요."

인사이클로피디아가 말했어요.

"이해가 안 되는구나, 아들."

브라운 서장이 말했어요.

"오클랜드 씨가 금고 터는 두 도둑을 보기에는 집 안은 너무 더웠어요. 이야기는 꾸며낸 거예요."

인사이클로피디아가 말했어요.

인사이클로피디아는 왜 꾸며낸 이야기라고 했을까요?

○ 19쪽에 해결이 있어요.

영하라는 기온의 의미는 무엇인가요?

기온과 자연 현상

"캐나다 북부에 있는 고장이오. 여름에도 가끔씩 기온이 영하로 떨어지는 곳이라오."
브라운 서장이 말했어요

기온이 영하로 떨어지면 우리 주변에서는 어떤 일이 일어날까요? 지금부터 기온이 영하로 내려가면 일어나는 자연 현상들에 대하여 살펴볼까요?

먼저 기온이 영하로 내려가면 일어나는 현상으로 물이 얼어서 얼음이 되는 것이 있습니다. 그런데 물이 어는 것을 자세히 살펴보면 신기한 현상을 발견할 수 있지요. 그것은 물이 위에서부터 아래로 얼어 간다는 것입니다. 이 의미는 물이 얼면 밀도가 작아져서 위로 올라온다는 것을 의미합니다. 이것은 다른 물질에는 존재하지 않는 물이 가지고 있는 독특한 성질이지요. 보통의 다른 물질들은 액체가 얼어서 고체가 되면 무거워져서 아래로 내려갑니다. 그 결과 아래부터 얼어서 위로 올라오게 되지요. 따라서 물이 위에서부터 어는 것을 영하에서 일어나는 아주 특이한 자연 현상이라고 할

● 관련 과학 교과 3학년 1학기 4단원 – 날씨와 우리 생활 / 6학년 1학기 3단원 – 계절의 변화

수 있습니다.

또 온도가 영하로 내려가면 지면에 서리가 내리기도 합니다. 서리가 내리는 조건은 공기 중의 수증기와 지면의 온도의 차이로 인하여 생긴다고 하지요. 즉, 날씨가 추운 새벽에 공기 중에 있던 수증기가 차가운 지면과 만나서 눈과 같은 모양의 매우 작은 얼음 조각을 만들게 됩니다. 이것이 바로 서리이지요. 온도가 차가운 영하의 기온에서 생기는 서리가 내리면 지면의 온도가 냉각되어 농작물이 냉해에 의한 피해를 입을 수 있습니다. 특히 기온이 영하로 내려가는 겨울에는 서리에 의한 피해가 농촌에서 많이 생긴답니다.

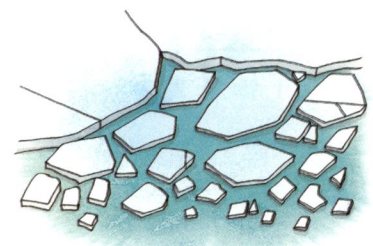

물이 표면부터 어는 모습

서리가 내린 논바닥

이처럼 기온이 영하로 내려가는 겨울에는 다양한 자연 현상이 일어나고 있습니다. 우리는 앞에서 눈에 대하여도 살펴본 적이 있지요. 눈도 역시 영하의 기온에서 만들어지는 대표적인 자연 현상이지요.

이렇게 영하의 기온에서는 물이 어는 현상으로 인해 많은 피해가 발생할 수 있습니다. 따라서 기온이 영하로 떨어지면 일어나는 자연

현상을 잘 알고 이에 대처하는 자세가 필요합니다.

사건을 해결하는 데 도움을 준 과학 지식은 무엇일까요?

여러분은 기온이 영하로 떨어진 차가운 날씨에서 밖에 있다가 따뜻한 안으로 들어오면 어떤 일이 일어나는지 알고 있을 것입니다. 특히 안경을 착용하고 있는 사람이라면 더욱 잘 알고 있을 거예요. 그것은 바로 착용하고 있는 안경에 뿌연 김이 서려 앞을 제대로 볼 수가 없게 되는 것이지요.

그런데 여기에서 오클랜드 씨는 분명 안경을 떨어뜨리기 전에 도둑들의 얼굴을 똑똑히 보았다고 했습니다. 이것은 말이 되지 않습니다. 안경에 생긴 뿌연 서리로 인해 아무것도 볼 수가 없기 때문이지요. 결국 오클랜드 씨는 자신의 범행을 숨기기 위해 거짓말을 한 것입니다.

> 정답
>
> 여러분은 겨울에 집 밖에 있는 물이 얼어서 얼음으로 변해 있는 것을 본 적이 있을 것입니다. 얼음이 얼 때의 밖의 온도를 살펴보면 대개 영하이지요. 영하의 사전적인 의미는 섭씨 온도를 기준으로 온도계의 눈금이 0℃ 이하인 경우를 말합니다. 따라서 영하라는 의미는 보통 춥거나 차갑다는 것을 나타내는 것이라고 할 수 있습니다. 이와 같은 이유로 영하로 떨어지는 겨울철에는 우리의 체온을 유지하기 위하여 몸을 따뜻하게 보호해야 합니다.

사건의 해결: 진짜 도둑의 거짓말을 밝혀라! 편

 돈을 훔친 후 자신의 집에 숨긴 오클랜드 씨는 밧줄을 이용해 리히터 씨의 집으로 돌아왔다. 경찰을 불러서, 밧줄은 두 도둑이 자신을 묶었던 것이며 자신이 밧줄을 풀기 전에 도둑들은 돈을 들고 사라졌다고 주장했다.
 그런데 오클랜드 씨는 도둑들이 자신의 안경을 떨어뜨리기 전에 도둑들의 얼굴을 똑똑히 보았다고 했다. 하지만 영하의 날씨에 밖에서 있다가 따뜻한 온도의 집 안으로 들어서면 아무것도 볼 수가 없다. 안경에 김이 서리기 때문이다! 힐스 그로브의 경찰은 인사이클로피디아 덕분에 오클랜드 씨의 자백을 받아 낼 수 있었다.

움직이는 낡은 집의 비밀

　인사이클로피디아는 일 년 내내 아빠를 도와 사건을 해결했어요. 여름 방학이 되면 인사이클로피디아는 집의 차고에 사설탐정소를 열었어요. 아침마다 차고 밖에 다음과 같은 안

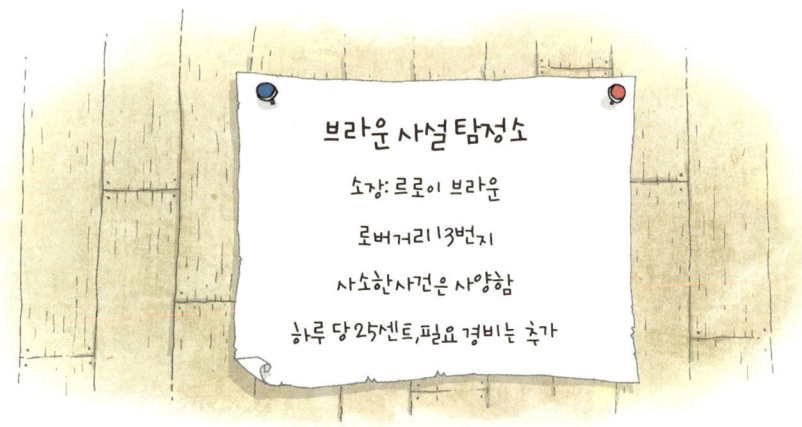

브라운 사설탐정소
소장: 르로이 브라운
로버거리 13번지
사소한 사건은 사양함
하루 당 25센트, 필요 경비는 추가

내판을 내걸고 이웃의 친구들을 도와주었어요.

월요일 오후 첫손님은 스쿱 맥기니스였어요. 스쿱은 아직 글을 모르는 다섯 살짜리 아이였지만 누나의 도움으로 2쪽짜리 주간 소식지인 "크리켓"을 펴내고 있었지요. "크리켓"은 아이들에 의한, 아이들을 위한, 아이들에 대한 소식지였어요. 모범 시민, 동물원, 장난감, 더 나은 핫도그는 찾아서 알리고, 불량 과자, "크리켓"을 좋아하지 않는 사람들에 대해서는 반대하는 글을 올렸어요.

스쿱은 검지를 빨며 차고로 들어섰어요. 인사이클로피디아는 무언가 이상하다고 느꼈어요. 보통 스쿱이 입에 넣는 것은 엄지였거든요.

"해변에 있는 낡은 웹스터 가를 알지, 형?"

스쿱이 말했어요.

인사이클로피디아는 그 집을 알고 있었어요. 오랫동안 사람이 살지 않은 집이었지요. 유리창들은 깨져 있고 집 안에는 모래가 두텁게 쌓여 있었어요.

"그 집은 너무 낡아서 위험해. 시에서 다음 주에 허물기로 했대."

인사이클로피디아가 말했어요.

"그 집이 미쳤어. 나를 물었어."

스쿱이 말했어요.

"말도 안 돼. 집이 사람을 어떻게 물어?"

인사이클로피디아가 말했어요.

"내 손가락을 봐."

스쿱이 말했어요.

인사이클로피디아는 스쿱의 손을 보았어요.

"가시가 박혔구나."

스쿱이 얼굴을 찌푸렸어요.

"진정하자. 나도 한때는 다섯 살이었어."

탐정은 혼잣말을 했어요.

"자세히 이야기를 해 주지 않겠니?"

탐정이 스쿱에게 말했어요.

"오늘 아침에 밥을 먹은 후, 크리켓에 실으려고 그 집을 인터뷰하러 갔어. 곧 철거되는 느낌이 어떤지 알고 싶었어."

스쿱이 말했어요.

"그때 너를 물었어?"

"아니, 그때 나한테 말을 했어."

스쿱이 말했어요.

"집을 구하려면 많은 돈이 든다고 했어. 그러면서 나더러 집에 가서 돈을 가져오랬어. 시키는 대로 가져갔는데, 1달러 50센트였어."

"그것으로는 어림도 없어."

인사이클로피디아가 말했어요.

"어떻게 알았어?"

스쿱이 물었어요.

"내 생각에는 돈이 적다고 그 집이 화가 나서 나를 문 거야. 난 그 돈을 떨어뜨리고 도망쳤어."

"그 집에 너 혼자 있었어?"

인사이클로피디아가 물었어요.

스쿱이 고개를 저었어요.

"달려 나오면서, 어떤 큰 아이가 숨는 것을 봤어. 벅스 미니였던 거 같아."

"벅스!"

인사이클로피디아가 외쳤어요.

"어쩐지 벅스가 얽혀 있겠다 싶었어!"

벅스 미니는 말썽꾸러기 상급생들의 모임인 '호랑이'들의 대장이었어요. 인사이클로피디아는 친구들한테서 그 말썽쟁이들이 속인 사건을 풀어 달라는 부탁을 심심찮게 받았어요. 지난주에도 벅스는 과산화수소수에 적신 참새 일곱 마리를 카나리아라고 속여서 팔려고 했어요.

"내 돈을 되찾아 줄 수 있어, 형?"

스쿱이 물었어요.

"걱정 마."

인사이클로피디아가 말했어요.

탐정은 스쿱의 손에서 가시를 빼 준 후 함께 해변의 낡은 집을 향해 나섰어요.

"네가 달려 나가는 것을 벅스가 보았을 거야."

탐정이 스쿱에게 말했어요.

"나한테 간다는 것을 알았을 테니 분명 알리바이를 마련해서 우리를 기다리고 있을 거야."

인사이클로피디아의 말이 맞았어요. 벅스는 현관 그늘에 누워 있다가 탐정을 보자 벌떡 일어나 앉았어요.

"꺼져, 안 그러면 얼굴이 구겨질 줄 알아."

벅스가 으르렁대며 말했어요.

인사이클로피디아는 벅스의 그런 환영에는 익숙했어요. 탐정은 고개를 끄덕여 보이고 스쿱과 함께 안으로 들어갔어요. 벅스가 따라 들어왔어요.

스쿱은 거실 바닥에 깔린 푹신한 모래에 찍힌 발자국들 사이에 멈춰 섰어요.

"저 선반에다 1달러 50센트를 올려놓는데 가시가 나를 물었어. 난 무서워서 돈을 떨어뜨리고 달아났어."

스쿱이 말했어요.

인사이클로피디아는 벽들에 난 커다란 틈들을 살폈어요.

"벅스는 건너편 방에서 지켜보며 듣고 있었을 거야."

"이 정신 나간 녀석들이 뭐라는 거야."

벅스가 따졌어요.

"호랑이 클럽 하우스에 쓰려고 나무 좀 구하러 왔는데, 무슨 말을 하는 거야?"

"집이 말하는 것처럼 나를 속였잖아. 내 돈도 가져갔고."

스쿱이 말했어요.

"와서 낮잠 잔 사람한테 무슨 돈을 가져갔다고 그래? 여기 있는 나무들은 돼지 죽통 만들 감도 안 돼."

벅스는 천천히 방 안을 거닐기 시작했어요.

"네가 진짜로 돈을 떨어뜨렸다면 여기에 아직 있겠네. 훔쳐 갔다고 괜히 엄한 사람 잡지 마라. 그런 일을 다루는 법이 있는 거 알지?"

갑자기 벅스가 놀란 얼굴로 바닥을 가리켰어요.

바닥에는 1달러 위에 50센트가 얌전히 놓여 있었어요.

"어, 벅스 형"

스쿱이 말을 더듬었어요.

"형을 괜히 오해했어. 미안해."

"미안해 할 것 없어."

인사이클로피디아가 말했어요.

"네가 달려 나가면서 벅스를 보지 않았다면 네 돈을 돌려주지 않았을 거니까!"

인사이클로피디아가 이렇게 말한 이유는 무엇일까요?

◯ 31쪽에 해결이 있어요.

과 학 솔 루 션

과산화수소수는
어떤 물질인가요?

과산화수소의 성질과 용도

지난주에도 벅스는 과산화수소수에 적신 참새 일곱 마리를 카나리아라고 속여서 팔려고 했어요.

    우리는 흔히 상처를 소독할 때 과산화수소수를 많이 쓰지요. 과산화수소수는 과산화수소와 물이 섞인 용액으로 평균적으로 약 3% 정도의 과산화수소와 물을 섞어서 만든 것이라고 하지요. 이러한 과산화수소수는 우리에게 꼭 필요한 약품 중의 하나인데 그 이유는 살균작용을 하여 혹시 발생할 수도 있는 세균에 대한 감염을 예방해 주기 때문입니다. 이제부터 이렇게 우리에게 꼭 필요한 것 중의 하나인 과산화수소에 대하여 좀 더 자세히 알아봅시다.

    먼저 과산화수소가 어떤 물질인지에 대하여 살펴봅시다. 과산화수소는 화학식으로 쓰면 H_2O_2라고 씁니다. 이것은 수소 원자 2개와 산소 원자 2개가 결합을 하여 만들어진 화합물이지요. 과산화수소는 물이나 에탄올과 같은 다른 종류의 액체에 잘 녹는 성질이 있습니다. 아울러 농도가 진한 과산화수소의 경우에는 강한 자극성이 있으므로 유의해야 하지요. 과산화수소의 대표적인 특징으로는 살균 작용이지요. 과산화수소가 분해가 되면 물과 산소로 나누어집니

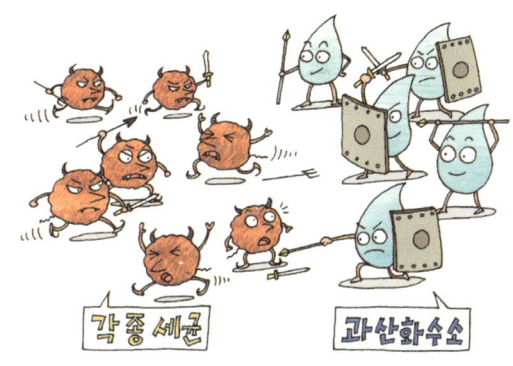

다. 여기에서 나오는 산소가 바로 세균을 죽이는 역할을 하게 되지요. 따라서 상처가 발생한 피부에 물과 섞인 과산화수소수를 바르면 거품이 나오는 것을 눈으로 확인할 수가 있습니다. 여기에서 발생하는 거품이 바로 산소이며 이로 인하여 상처에 남아 있는 세균이 죽게 되는 것이지요. 무엇보다 상처가 생기면 위험한 것이 세균의 감염인데 과산화수소를 사용하면 간단하게 예방할 수 있습니다.

또한 강한 산화력을 가지고 있지요. 산화력이 강하다는 것은 다른 물질을 빠르게 산화시키는 것을 의미합니다. 이러한 성질을 이용하여 분석 시약의 산화제나 견사나 양모 등의 표백제로 사용되기도 합니다. 또, 플라스틱 공업에서 비닐을 제조하는 촉매로도 사용되고 그 밖에도

비닐 제조나 폭약 제조

소독제, 폭약 등을 만드는 데도 이용되지요. 농도가 진한 90% 수용액의 경우에는 로켓의 추진제나 잠수함 엔진의 작동용으로 사용된다고 하니 정말 그 용도가 다양합니다.

사건을 해결하는 데 도움을 준 과학 지식은 무엇일까요?

금속으로 만든 동전과 종이로 만든 지폐를 동시에 떨어뜨리면 어떻게 될까요? 아마 무게가 무거운 동전이 먼저 바닥에 떨어질 것입니다. 그런데 여기에서 분명 스쿱은 1달러 50센트를 선반에 올려놓았는데 바닥에 떨어졌다고 했습니다. 그렇다면 당연히 동전이 50센트가 먼저 떨어지고 지폐가 나중에 떨어지므로 동전을 지폐가 덮고 있어야 자연스러운 현상이 됩니다. 하지만 여기서는 반대로 지폐를 동전이 누르고 있는 상황이라면 분명 이상합니다. 결국 벅스는 스쿱을 속여 낡은 집에게 물렸다고 생각하게 하려고 거짓 행동을 한 것입니다.

> **정답**
>
> 우리는 상처가 났을 때 소독약으로 과산화수소수를 가장 많이 사용합니다. 이 과산화수소수는 과산화수소를 평균적으로 3% 정도 물에 녹여서 만든 용액을 말하지요. 이렇게 상처를 소독하는 데 과산화수소수를 사용하는 이유는 다친 부위를 씻어 줌과 동시에 살균 작용을 하기 때문입니다. 상처가 날 경우에 가장 위험한 것이 세균에 의한 감염인데 과산화수소수를 사용하면 살균이 가능하므로 크게 걱정할 필요가 없겠지요.

사건의 해결 — 움직이는 낡은 집의 비밀 편

집에 물렸다고 생각한 스쿱은 돈을 떨어뜨리고 달려 나왔다. 벅스는 숨을 겨를이 없었다. 그리고 스쿱이 도움을 청하러 인사이클로피디아에게 뛰어가면서 자신을 본 것도 알았다. 벅스는 탐정이 돈을 발견하게 해서 혐의를 벗고 싶었다. 그래서 바닥에 1달러 지폐를 50센트로 눌러서 놓았다.

그것이 실수였다! 동전과 지폐가 함께 떨어질 때는 동전이 먼저 떨어져 내리고 지폐는 그 동전 아래가 아닌 위에 내려앉게 된다. 자기 꾀에 넘어간 벅스는 별 수 없이 자신이 낡은 집인 냥 흉내를 내서 스쿱에게 돈을 가져오게 했다고 털어놓았다.

시계탑 시간의 진실을 밝혀라!

벅스 미니에게 꼭 하고 싶은 일이 있다면 그것은 인사이클로피디아에게 복수하는 것이지요. 항상 탐정에게 꼼짝없이 당하는 것이 싫었어요. 벅스는 속이 후련해지도록 탐정의 얼굴에 주먹을 날리고 싶었지만 감히 그럴 수가 없었어요. 마음은 간절했지만 그때마다 번개 같은 두 주먹이 떠올랐으니까요.

바로 탐정의 동업자인 샐리 킴볼이었어요. 샐리는 5학년 여학생들 중에서 가장 예쁘게 생겼을 뿐만 아니라 운동도 가장 잘하는 아이였어요. 더욱이 벅스 미니를 때려눕힌 일은 모르는 아이들이 없었지요. 샐리 때문에 벅스는 인사이클로피디아를 힘으로 밀어붙이지 못하고 있었어요. 그렇지만 복수할 기회를 항상 노리고 있었지요.

"벅스는 날 싫어하는 것 못지않게 너도 싫어해."

인사이클로피디아가 샐리에게 경고를 해 주었어요.

"네가 망신 준 것에 대해서 절대 용서 안 할 거야."

"알아, 하여튼 벅스는 무슨 일이든 골칫거리로 바꿔 놓는 마법사 같다니까."

샐리가 말했어요.

'우리가 지금 골칫거리를 향해 가고 있는지도 몰라.'

인사이클로피디아는 속으로 생각했어요.

두 탐정은 아이다빌의 중심가를 걷고 있었어요. 30분 전에 레프티 돕스가 전화를 걸어와 시청 앞에서 급히 만나자고 했거든요.

"난 레프티가 급히 만나자면서 왜 이유는 말하지 않은지 궁금해."

샐리가 말했어요.

"전화로는 말하기가 불편했나 보지."

인사이클로피디아가 말했어요.

"어쨌든 곧 알게 되겠지. 저기 있다."

레프티는 시청 앞에 서 있었어요. 그런데 두 탐정을 보고도 손을 흔들어 아는 체를 하지 않았어요. 대신 손목시계를 끌렀어요.

"안절부절못하는군."

샐리가 소곤거렸어요.

"난 저 애를 믿을 수가 없어."

레프티는 오른손으로 시계를 들고 시청 꼭대기에 있는 커다란 시계를 보면서 왼손 엄지와 검지로 시계의 시간을 맞추었어요. 시청의 시계는 3시 5분 전을 가리키고 있었어요.

"괜찮니?"

인사이클로피디아가 레프티에게 물었어요.

"쉬!"

레프티가 조용히 하라는 시늉을 했어요.

"목소리를 낮춰."

"무슨 일이야?"

샐리가 물었어요.

"손바닥을 내밀어 봐, 인사이클로피디아."

레프티가 말했어요.

인사이클로피디아는 손바닥을 펴서 내밀었어요.

레프티가 탐정의 손바닥에 25센트를 놓았어요.

"네 도움이 필요해."

레프티는 잠깐 동안 뭔가를 생각하는 표정으로 시청 건물 위의 시계를 바라보았어요. 그러더니 주머니에서 5달러 지폐를 꺼내어 인사이클로피디아에게 주었어요.

"이번 사건은 아주 힘든 사건이야. 그러니 수고비를 더 낼게."

레프티가 속삭였어요.

"쟤들이에요! 직접 보셨지요, 경관 아저씨!"

벅스 미니가 근처의 옷 가게에서 뛰쳐나오며 소리쳤어요. 벅스의 뒤에는 홀 경관이 있었어요.

"범행 현장에서 잡을 수 있을 거라고 말씀드렸잖아요. 이 좀도둑들 같으니라고!"

벅스가 소리쳤어요.

"너희들의 설명을 들어야겠구나."

홀 경관이 두 탐정에게 말했어요.

"벅스가 준 이 쌍안경으로 전부 다 봤다."

"얘들은 이런 갈취를 여러 주 동안 해 왔어요."

벅스가 말했어요.

"갈취라니?"

샐리가 어리둥절해 하며 물었어요.

"벅스 말이, 시청 시계의 시각에 자신의 시계를 맞추는 아이가 보이면 네가 그 아이에게 다가가 25센트를 받아 낸다는구나. 시계 맞춘 값이라며."

홀 경관이 말했어요.

"인사이클로피디아가 시청 시계가 자기 것이라고 했어요."

레프티가 말했어요.

벅스는 이야기를 듣는 동안 안됐다는 듯 표정을 지으며 고개를 젓고 있었어요. 그러더니 두 손을 가슴에 포개며 정의감 넘치는 표정을 지었어요.

"나한테 와서 그런 불평을 한 아이들이 한둘이 아니야. 경찰에 신고를 하는 것은 나 같은 선량한 시민의 당연한 의무지. 물론, 신고하는 게 기분 좋을 리는 없어. 난 아주 감성성이 풍부하고 예민하니까."

벅스가 말했어요.

"넌 더 예민해져야 해."

샐리가 벅스의 말을 자르며 말했어요.

"이건 함정일 뿐이에요!"

"이건 심각한 문제다."

홀 경관이 샐리의 말을 바로잡았어요.

"손으로 돈 받는 것을 내가 봤거든."

"인사이클로피디아에게 시계 맞춘 값으로 25센트를 줬어요. 그러고 나서 인사이클로피디아가 5달러에 수금할 권리를 나한테 팔았어요. 일주일에 10달러는 문제없이 벌 거라고 했어요."

"이 바보야, 인사이클로피디아가 무슨 시계 주인이라고! 네가 속은 거야."

벅스가 말했어요.

"마, 말도 안 돼!"

레프티가 소리쳤어요.

"인사이클로피디아는 강도야! 벅스, 내 돈을 되찾아 줄 수 있어?"

"법에 맡겨."

벅스가 레프티의 어깨를 두드리며 말했어요.

"걱정 마. 네 돈은 되찾게 될 거야."

샐리는 화가 나 어찌할 바를 몰랐어요.

"정말 저 애들의 말을 믿으시는 거예요?"

홀 경관에게 항변을 했어요.

"저 애들은 거짓말을 하고 있다고요! 우리를 곤경에 빠뜨리려는 음모일 뿐이에요. 우리가 무슨 말을 나눴는지 못 들으셨어요?"

"옷 가게 안에 있어서 들리지 않았다."

경관이 말했어요.

"하지만 벅스가 무슨 일인지 설명을 해 주는 동안 내 눈으로 모든 것을 똑똑히 보았다."

"벅스가 어련히 잘 했을라고요. 한 가지만 빼고 말이죠."

인사이클로피디아가 말했어요.

인사이클로피디아가 말한 한 가지는 무엇일까요?

◯ 43쪽에 해결이 있어요.

과 학 솔 루 션

쌍안경의 원리는 무엇인가요?

쌍안경의 원리와 활용

"너희들의 설명을 들어야겠구나."
홀 경관이 두 탐정에게 말했어요.
"벅스가 준 쌍안경으로 전부 다 봤다."

우리는 멀리 있는 물체를 가까이 보기 위해 쌍안경을 사용하지요. 쌍안경을 사용하면 멀리 있는 물체를 아주 가깝게 볼 수 있어요. 특히 야구나 축구와 같은 운동 경기를 관람하거나 산에 올라서 반대편의 경치를 구경할 때 아주 유용하게 사용할 수 있습니다. 그렇다면 이러한 쌍안경은 어떤 과학적인 원리가 숨어 있을까요? 지금부터 좀 더 자세히 알아보도록 합시다.

먼저 쌍안경의 원리에 대하여 살펴봅시다. 쌍안경은 보통 작은 망원경이라고 할 수 있습니다. 일반적인 쌍안경은 대물렌즈와 접안렌즈에 모두 볼록렌즈를 사용하는 케플러 방식의 망원경이라고 할 수 있지요. 하지만 망원경과의 차이는 망원경은 거꾸로 보이는 도립상이고 쌍안경은 똑바로 보이는 정립상이라는 것입니다. 그러면 어떻게 쌍안경은 정립상으로 보이는 것일까요?

● 관련 과학 교과 6학년 1학기 1단원 – 빛

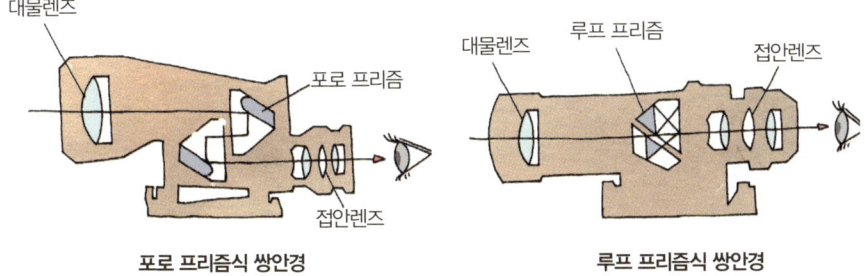

포로 프리즘식 쌍안경   루프 프리즘식 쌍안경

그것은 '포로 프리즘식'이라는 것을 이용하는데 두 개의 직각 프리즘을 서로 수직으로 조합하여 만들며 프리즘을 이용하여 상을 다시 한 번 더 거꾸로 보이게 하는 구조입니다. 현재 이 방식은 천체 관측을 비롯한 다양한 분야에 응용되고 있습니다.

쌍안경의 종류는 '구경'에 따라 구분할 수 있습니다. 가장 작은 소형은 한쪽 대물렌즈의 지름이 70㎜ 이하를 말하며, 중형은 지름이 70~100㎜ 사이를 말하지요. 대형의 경우는 지름이 100㎜ 이상인 쌍안경을 말합니다. 또 쌍안경은 '초점 맞추기 방식'에 따라서 연동식과 개별식으로 나누어집니다. 연동식은 일반적으로 많이 사용하는 초점 맞추기 방식을 사용하며 양쪽의 통 사이에 있는 초점 조절 노브를 돌려 각 통에 있는 접안렌즈가 위아래로 동시에 연동하여 초점을 맞추는 것입니다. 반면에 개별식은 양쪽 통의 초점을 동시에 맞추는 것이 아니라 따로따로 맞추는 방식을 말하며 각각의 접안렌즈에 있는 초점 조절 노브를 돌려서 초점을 맞추는 것이지요.

과학 솔루션

연동식 쌍안경

이처럼 쌍안경은 우리의 생활을 편리하게 해 주는 기구 중의 하나입니다. 멀리 있는 물체를 볼 때 쌍안경만큼 편리한 기구는 없지요. 쌍안경은 그 원리를 잘 알면 다양한 분야에 이용이 가능하답니다.

사건을 해결하는 데 도움을 준 과학 지식은 무엇일까요?

여러분의 집에 초침으로 움직이는 손목시계가 한 개쯤은 있을 거예요. 손목시계는 시각을 맞출 때 보통 어떻게 하나요? 보통 왼손에 시계를 들고 오른손으로 시각을 맞추는 것이 일반적이지요. 그런데 만약 거꾸로 한다면 어떨까요? 그러면 분명 시간은 거꾸로 가게 되어 엉뚱한 시각이 맞추어질 것입니다. 여기에서 레프티가 이러한 행동으로 경관을 속이려고 했던 것이지요.

정답

여러분은 야구장이나 축구장에서 쌍안경을 이용하여 멀리 있는 선수들을 가까이 본 적이 있을 것입니다. 쌍안경은 멀리 있는 물체를 확대하여 가까이 보게 해 주는 광학기구이지요. 쌍안경은 2개의 망원경을 평행으로 장치하여 두 눈으로 물체를 볼 수 있게 만든 장치입니다. 무엇보다 쌍안경의 장점은 두 눈을 전부 사용하여 보기 때문에 한쪽 눈으로 보는 망원경보다 좀 더 편안하게 물체를 관찰할 수 있습니다.

시계탑 시간의 진실을 밝혀라! 편

벅스는 레프티의 도움을 받아 두 탐정들에게 복수를 하려고 했다. 벅스와 홀 경관이 옷 가게에서 지켜보는 동안 레프티가 인사이클로피디아에게 25센트를 주었고 다시 5달러를 건넸다. 홀 경관에게는 이 모습이 레프티가 마치 시계 맞춘 값을 치르고, 자기처럼 시계를 맞추는 다른 아이들에게서 돈을 받을 수 있는 권리를 사는 것처럼 보였다.

그러나 레프티는 시계를 맞춘 것이 아니었다. 너무 긴장한 나머지 오른손에 시계를 들고 왼손으로 시간을 맞추었는데, 그렇다면 시계를 거꾸로 들고 있게 되기 때문이다!

인사이클로피디아가 레프티의 실수를 지적하자 홀 경관은 그 일이 벅스와 레프티가 꾸민 일이라는 걸 알아챘다.

유리병 속의 틀니 도둑을 잡아라!

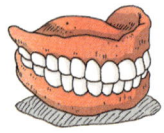

일요일 오후, 인사이클로피디아와 샐리는 럭비공을 가지고 바닷가로 놀러 갔어요.

연을 가져갔더라면 더 좋았을 날씨였어요. 공을 던질 때마다 강한 해풍에 밀려 자꾸만 야자나무와 일광욕을 하는 사람들 쪽으로 떨어졌어요.

"사람들이 짜증스럽게 쳐다보는 것에 이젠 지쳤어. 뭔가 다른 놀이를 하자."

샐리가 말했어요.

"모래성을 만들자."

인사이클로피디아가 말했어요.

둘은 럭비공을 한쪽에 놔두고 모래성을 만들기 시작했어요. 그런데 거의 완성되어 가던 모래성을 프레디 자카리아스가 모르고 밟아 버렸어요.

프레디는 여름 내내 해변에 있는 아빠의 기념품 가게에서 팔 진귀한 병이나 조개껍데기를 찾아다녔어요.

"미안해! 못 봤어."

프레디가 사과를 했어요.

"괜찮아."

인사이클로피디아가 말했어요.

"만들면서 재미있었으니 됐지, 뭐. 그나저나 우리가 구덩이를 팠더라면 어쩔 뻔했니? 운 좋았어."

"그러게, 그 구덩이에 빠졌더라면 온통 물어 뜯겼을 거야."

프레디가 말했어요.

"무슨 말이야?"

인사이클로피디아가 물었어요.

프레디는 들고 있던 커다란 유리병을 내려놓았어요. 유리병 안에는 틀니 몇 개가 들어 있었어요.

"주중에는 아빠를 돕고, 일요일에는 내 사업을 하고 있어."

인사이클로피디아는 유리병을 살펴보면서, 프레디가 일광욕 하는 사람들이 잠들어 있는 동안 몰래 다가가서 틀니를 훔친 게 아니기를 바랐어요.

"얕은 물에서 발견한 거야."

프레디가 말했어요.

"항상 일요일이 가장 수지맞는 날이야. 키 사우스에서 틀니를 잃어버리면 일주일 만에 아이다빌에 와 닿거든."

키 사우스는 큰 어항이자 휴가지로서 일요일에는 유람선이 들어와 머물렀어요.

프레디는 관광객들과 어부들뿐만 아니라 바다에서 수영을 하는 사람들도 헐거워진 틀니를 파도 때문에 잃어버린다는 것이었어요.

"아이다빌 신문에 잃어버린 틀니를 찾는 광고들이 나와. 대개는 찾아 주면 사례금이 있어."

프레디는 신문에서 오려 둔 광고 두 장을 두 탐정에게 보여 주었어요. 모두 지난 주말에 잃어버린 틀니를 찾아 주면 사례금을 주겠다는 광고였어요.

"틀니를 발견하면 크기를 살핀 후 광고를 낸 사람들에게 연락을 해. 이번 여름까지 8개의 틀니를 찾아서 주인에게 돌려주었어. 그 사례금을 모아 10단 기어 자전거를 샀지."

프레디가 말했어요.

"와, 대단한데!"

인사이클로피디아가 외쳤어요.

"틀니에서 자전거가 생기다니!"

"그냥 이렇게 서 있을 거야, 프레디?"

샐리가 재촉했어요.

"하던 일을 해야지. 계속 찾아봐!"

"그래, 모래성 뭉갠 것은 정말 미안해."

프레디가 말했어요.

프레디는 다시 바닷가 쪽으로 이동하고, 두 탐정은 수영을 했어요. 수영을 끝내고 나왔을 때도 바닷바람은 여전히 세찼어요. 두 탐정은 더 큰 모래성을 만들기로 했어요. 모래성 쌓기를 막 시작했는데 프레디가 달려왔어요.

"어떤 애들이 내가 찾은 틀니들을 뺏어 갔어!"

프레디가 소리쳤어요.

"누가?"

인사이클로피디아가 물었어요.

"듀크 켈리하고 록키 그래함. 호랑이 클럽 애들이야."

프레디는 금방이라도 울음을 터트릴 것 같았어요.

"깡패들 같으니라고."

주먹을 움켜쥐며 샐리가 말했어요.

"잡기만 해 봐, 틀니가 필요하게 해 줄 테다!"

"네 틀니들을 되찾을 수 있을 거야."

침착하게 말했어요.

"듀크하고 록키를 만나러 가자."

가는 길에 프레디는 틀니를 빼앗겼던 상황을 인사이클로피디아와 샐리에게 들려주었어요.

"듀크가 조심성 없이 머리 가까이에 대고 틀니를 딱딱거리며 팔짝대다가 오른쪽 귀가 찝히고 말았어."

프레디가 말했어요.

"쌤통이다!"

샐리가 말했어요.

"그 때문에 나한테 얼마나 심술을 부렸는데! 듀크가 유리병을 걷어찼고 그 바람에 광고지가 빠져나왔어. 록키가 그걸

주워 듀크에게 읽어 주었어. 둘이 나한테 뭐라고 그랬는지 알아? 꺼지래."

프레디가 말했어요.

"사례금을 가로챌 생각이야! 서두르는 게 좋겠어."

샐리가 외쳤어요.

"저기 야자나무 아래에 듀크가 있어."

인사이클로피디아가 말했어요.

듀크는 아픈 귀를 만지며 그늘 아래 누워 있었어요. 유리병이나 록키는 보이지 않았어요.

"록키는 아마 틀니들을 호랑이 클럽 하우스에 가져다 놓으러 갔을 거라고."

샐리가 말했어요.

인사이클로피디아 일행이 다가오는 것을 본 듀크가 일어나 앉았어요. 불안한 표정으로 샐리를 바라보았어요.

"프레디의 틀니들을 뺏어 갔다며?"

샐리가 듀크를 몰아세웠어요.

"뺏어 갔다고?"

듀크가 목소리를 높였어요.

"도와주느라 고생한 나한테 무슨 소릴 하는 거야?"

"프레디를 위해 무슨 고생을 했는데?"

인사이클로피디아가 말했어요.

"유리병을 겨드랑이에 끼고서 지나간다 싶더니 갑자기 발을 헛디뎌 넘어지더라. 신문지 조각들하고 틀니들이 쏟아졌지."

듀크가 말했어요.

"그 틀니에 귀가 물렸겠군 그래?"

샐리가 말했어요.

"천만에."

듀크가 말했어요.

"난 바람에 불려 바다로 날아가는 그 신문지 조각들을 잡으려다 넘어져 물속에 머리가 처박히고 말았어. 그때 게한테 물린 거야. 그런 나를 팽개쳐 두고 프레디는 유리병을 들고 달아나 버렸다고!"

"안됐지만 그만해. 본인 입으로 이미 불었잖아."

인사이클로피디아가 말했어요.

듀크의 실수는 무엇일까요?   ◐ 55쪽에 해결이 있어요.

과 학 솔 루 션

조개는 어떤 동물인가요?

조개의 종류와 효능

프레디는 여름 내내 해변에 있는 아빠의 기념품 가게에서 팔 진귀한 병이나 조개껍데기를 찾아다녔어요.

    우리의 생활 주변에서 흔히 볼 수 있는 조개는 어떤 동물에 속할까요? 조개는 연체동물로 연한 근육질의 구조를 가지고 있습니다. 연체동물에는 조개를 포함하여 오징어, 문어, 소라, 굴 등이 있습니다.

    지금부터 조개류에 대하여 좀 더 자세히 알아볼까요?

    먼저 조개류의 종류에 대하여 살펴봅시다. 조개류는 크게 복족류와 부족류로 나눌 수가 있습니다. 복족류는 껍질이 1개이고 평평한 발을 가지고 있어요. 가장 대표적인 복족류로는 전복, 소라, 달팽이 등이 있습니다.

    반면 부족류는 껍질이 2개로 나누어지며 도끼 모양의 발을 가지고 있지요. 가장 대표적인 부족류로는 홍합, 대합, 굴 등이 있습니다.

    이렇게 조개류는 껍질의 수에 따라 다른 종류로 구

● 관련 과학 교과 3학년 1학기 3단원 – 동물의 한살이 / 6학년 1학기 4단원 – 생태계와 환경

복족류 – 전복, 소라, 달팽이

부족류 – 홍합, 대합, 굴

분합니다.

　이번에는 조개가 가지고 있는 좋은 점에 대하여 살펴봅시다. 조개는 영양소가 풍부한 먹을거리입니다. 조개에는 단백질, 지방, 비타민 B가 풍부하게 들어 있지요.

　또한 우리 몸에 좋은 약효 성분인 타우린이 들어 있다고 알려져 있습니다. 타우린은 간 기능을 개선하고 간 세포막을 보호하는 기능이 있는 것으로 알려져 있습니다. 또, 타우린은 혈압을 낮추는 작용이 있다고 하지요.

　이처럼 조개는 우리 몸에 좋은 먹을거리 중의 하나입니다. 하지만 최근에 조개가 서식하고 있는 지역이 점점 사라지고 있습니다. 결국 자연적인 종류보다 인공적으로 만들어진 종류가 늘어나고 있지요. 따라서 조개들이 서식하는 자연 환경을 잘 보전하고 지킬 수 있는 지혜가 필요할 때입니다.

사건을 해결하는 데 도움을 준 과학 지식은 무엇일까?

낮에 부는 바람과 밤에 부는 바람은 방향이 다릅니다. 그 이유는 육지와 바다의 비열이 다르기 때문이지요. 낮에는 비열이 큰 육지가 빨리 더워져서 바다에서 육지 쪽으로 바람이 불어오고 밤에는 반대의 현상이 일어나게 되어 육지에서 바다 쪽으로 바람이 불게 되지요.

그런데 듀크는 바다로 날아가는 신문지 조각을 잡으려다가 게에게 물렸다고 했습니다. 이것은 말이 되지 않습니다. 낮에는 바다에서 육지로 바람이 불기 때문입니다. 결국 듀크는 사례금이 탐나서 틀니를 가로챈 것입니다.

정답

여러분은 아마 바지락 칼국수를 먹어 본 적이 있을 것입니다. 바지락은 조개의 한 종류로 여러 가지 음식에 많이 이용됩니다. 그렇다면 조개는 어떤 종류의 동물일까요? 조개는 근육질의 구조를 가지고 있는 대표적인 연체동물이지요. 대표적인 연체동물로는 조개류를 포함하여 오징어, 문어 등이 있습니다. 이러한 조개는 껍질의 개수에 따라 1개인 복족류와 2개인 부족류로 크게 나눌 수가 있답니다.

유리병 속의 틀니 도둑을 잡아라! 편

듀크는 귀에 난 상처를 설명할 변명거리를 급히 생각해 내야 했다. 그래서 바람에 불려 바다로 날아가는 신문지 조각을 잡으려다가 넘어져 게한테 물렸다고 했다. 하지만 잊은 게 있었으니 바로 바람이었다. 인사이클로피디아와 샐리가 바닷가에서 노는 동안 바람은 계속 바다 쪽에서 불어왔다. 그러므로 신문지 조각들은 바람을 거슬러 바다 쪽으로 날아갈 수가 없다.

거짓말이 들통 난 듀크는 사례금이 탐나서 틀니를 가로챘다고 털어놓았다. 프레디는 록키 그래함이 호랑이 클럽 하우스로 가져다 놓은 틀니 유리병을 돌려받았다.

가르마를 바꾼 스킨다이버의 속셈

인사이클로피디아와 샐리는 물레방아 연못으로 낚시를 갈 때면 이른 아침에 가서 제일 먼저 자리를 잡았어요. 그런데 금요일 그 날은 더 먼저 온 사람이 있었어요. 두 탐정이 도착해 보니 트리스크 포드가 연못에서 둑으로 끙끙거리며 기어 올라오고 있었어요.

"어디 다친 거니?"

서둘러 달려간 샐리가 물었어요.

"오늘이 무슨 요일인지 모르는 거야?"

트리스크가 말했어요.

"금요일."

샐리가 대답했어요.

"13일의 금요일이잖아."

트리스크가 힘주어 말했어요.

트리스크의 본명은 브루스였어요. 트리스크는 숫자 13을 무서워하는 사람이라는 뜻의 트리스카이데커포브를 줄여서 부르는 말이었어요.

"난 불길한 숫자 이야기 같은 건 안 믿어. 말도 안 되는 소리잖아."

샐리가 말했어요.

"그래?"

트리스크가 말을 받았어요.

"13층이 있는 건물 봤어? 오늘 길가다 검은 고양이가 앞을 지나간다면 가장 가까이 있는 버스를 타는 게 좋아."

"갈 곳이 없어도?"

샐리가 말했어요.

"농담 아니야. 좀전에 하마터면 목덜미가 불날 뻔했어."

트리스크가 좀전에 겪은 일을 호들갑스럽게 설명했어요.

아침 일찍 일어난 트리스크는 하루 종일 집 안에 있는 것보다는 신선한 공기를 마시며 보내기로 했어요.

"연못으로 내려갔어. 하지만 연못가에 앉아 있는 것도 지겨워져서 물수제비를 뜨기 시작했어. 그러다가 뭔가가 풀밭에서 반짝여서 주워 봤더니 금귀고리 한 짝이었어."
트리스크가 말했어요.
"우아, 저번 달에 아담스 부인이 걸스카우트 피크닉 갔다가 잃어버린 금귀고리가 틀림없어. 어디 있어?"
인사이클로피디아가 말했어요.
"그걸 살펴보고 있는데 웬 심술궂게 생긴 아이가 와서 뺏어 갔어. 그러고는 손을 휘저으면서 나한테 꺼지라고 했어. 안 그러면 매운맛을 보여 줄 거라며."
트리스크가 말했어요.
"어떻게 생긴 애였어?"
인사이클로피디아가 물었어요.
"뭐라고 말할 수가 없어. 통유리 물안경을 끼고 있었거든."
트리스크가 대답했어요.
"그럼 어떤 옷을 입었어?"
"물안경을 끼고 있었다니까. 스킨다이빙을 했을 거야."
"몇 살이나 돼 보였어? 머리카락 색은?"

샐리가 물었어요.

"열두어 살 정도. 갈색 머리에 가운데 가르마를 했어."

"지금쯤 옷을 다 입었겠다. 서두르면 그 애를 따라잡을 수 있을 거야."

인사이클로피디아가 말했어요.

셋은 비탈을 달려 내려갔어요. 연못 가장자리는 들쑥날쑥해 숨을 곳이 많았어요. 한동안 아무도 눈에 띄지 않았어요.

"저기 있다!"

인사이클로피디아가 외쳤어요.

조금 떨어진 덤불에서 아이 하나가 나타났어요. 옷을 입은 모습이었지만 손에 물안경과 수건을 들고 있었어요.

"아무짝에도 쓸모없는 말린 헤이즈야."

샐리가 말했어요.

말린은 게으름뱅이 중학생이지요. 지난해 여름, 말린의 아빠가 말린에게 잔디 깎기 아르바이트를 하라고 했는데 말린은 가라테를 배웠지요. 싸울 일 있을 때 도움이 된다고요.

"말린일 리가 없어. 머리카락 색깔은 같은데 가르마가 달라. 옆 가르마잖아."

트리스크가 말했어요.

순간 샐리는 달려가 말린의 팔을 잡았어요.

"트리스크한테서 귀고리를 뺏어 갔다며? 돌려줘!"

"샐리야, 제발."

인사이클로피디아가 놀라서 샐리를 말렸어요. 맨손으로 송판을 격파하는 가라테 유단자들을 보았으니 놀랄 만했지요.

"내 너를 알지."

말린이 눈을 내리떠 보며 말했어요.

"호랑이들을 겁쟁이들로 만들어 버린 병아리잖아. 그리고 너는 똘똘이 박사시군. 그리고 넌 귀고리를 했던 애겠지?"

트리스크는 얼굴이 빨개지며 주먹을 쥐었어요. 하지만 참을 수밖에 없었어요.

샐리는 쉽게 겁먹을 아이가 아니었어요.

"스킨다이빙 하러 가는 길에 귀고리를 뺏은 거 다 알아."

샐리가 말린에게 말했어요.

"별 이상한 소릴 다 듣는군."

말린이 쏘아붙였어요.

"내가 스킨다이빙을 하고 있는데 이 애가 물수제비를 떴다는 건 알아? 하마터면 맞을 뻔했어. 그래서 물에서 나와 이 애한테 그만하라고 했어."

"그렇게 떳떳하면 우리가 살펴봐도 되겠네?"

인사이클로피디아가 말했어요.

"얼마든지. 협조해 주겠어."

말린이 웃음을 띤 채 대답했어요.

말린은 바지와 웃옷의 주머니를 뒤집어 보여주었어요. 1달러 지폐 1장, 니켈 동전 2개, 때 묻은 손수건이 나왔어요.

"비켜 봐, 인사이클로피디아."

샐리가 가만히 말했어요.

"내가 해결할게."

샐리는 말린을 향해 돌아서 말했어요.

"우리가 트리스크랑 같이 있는 걸 보고 귀고리를 감춘 거 다 알아. 어디 있어?"

"나 지금 화나려는 걸 꾹 참고 있거든? 하지만 나한테 계속 그러면 생각을 바꾸겠어."

말린이 말했어요.

"바꿔. 그럼 난 더 좋아."

샐리가 말했어요.

"너 말 다 했어?"

말린이 샐리의 주위를 돌기 시작했어요. 입으로는 거친 말들을 내뱉으며 손으로는 가라테 동작을 하면서 말이지요.

"가라테로 끝장을 낼 건가 봐!"

트리스크가 겁에 질려 말했어요.

그렇지만 말린에게 기회를 줄 샐리가 아니었어요. 샐리는 말린의 턱에 보기 좋게 주먹을 날렸어요. 말린의 얼굴이 고통으로 일그러졌어요.

"아우우…… 그만! 그만해!"

말린이 두려운 눈빛으로 샐리를 바라보았어요.

"어떻게 알았어?"

말린이 고통을 참으며 물었어요.

"내가 귀고리를 뺏었다고 믿을 이유가 있었냐?"

그 이유란 무엇일까요?   ○ 67쪽에 해결이 있어요.

과 학 솔 루 션

물수제비란 무엇인가요?

물수제비의 원리

"연못으로 내려갔어. 하지만 연못가에 앉아 있는 것도 지겨워져서 물수제비를 뜨기 시작했어. 그러다가, 뭔가가 풀밭에서 반짝여서 주워 봤더니 금귀고리 한 짝이었어."

여러분은 호수나 강가에서 물수제비를 떠 본 적이 있나요? 납작한 돌을 물 위로 비스듬히 던지면 물 위를 튀면서 물결 모양을 만들어 나가는 것을 볼 수 있지요. 물수제비는 물 위에서 할 수 있는 아주 재미있는 놀이 중의 하나이지요. 지금부터 물수제비에 대하여 자세히 알아볼까요?

먼저 물수제비의 원리에 대하여 살펴봅시다. 물수제비는 물 위에 돌을 비스듬히 던지면 돌이 물속에 가라앉지 않고 물결 모양을 만들며 앞으로 나아갑니다. 그 이유는 바로 물이 가지고 있는 성질 때문이지요. 물은 다른 액체들과 달리 물 분자들 간의 힘이 강한 액체입니다. 이 힘으로 인해 물 위로 떨어지는 돌을 튕겨 내는 힘이 생기는 것이지요. 물론 돌의 무게가 무거우면 이런 현상이 일어나지 않지만 가볍다면 가능합니다. 납

● 관련 과학 교과 중학교 1학년 10단원 – 힘 / 12단원 – 파동

작한 돌이 더욱 많이 튕겨지는 이유는 물과 닿는 표면적이 증가하기 때문이라고 합니다.

그렇다면 물수제비를 어떻게 하면 더 잘 뜰 수 있을까요? 물수제비를 잘 뜨기 위한 조건은 돌의 모양, 던지는 자세, 손목의 스냅(손목을 재빨리 안쪽으로 꺾으면서 던지는 것)과 돌이 날아가는 속도, 물의 잔잔함 등이 중요합니다. 돌은 가능하면 납작하고 둥근 모양이 좋으며, 돌을 던질 때는 야구의 사이드암(몸을 웅크렸다가 팔을 어깨와 수평으로 맞힌 뒤에 공을 옆으로 던지는 동작) 투수가 던지는 것처럼 낮은 자세로 던져야 합니다.

물수제비

잔잔한 물 위에서의 물수제비

또, 돌의 납작한 면이 물의 수면과 평행을 이루도록 던지는 것이 좋지요. 하지만 무엇보다 중요한 것은 던지는 손의 스냅과 돌이 날아가는 속도가 빠를수록 잘 일어납니다. 그리고 물이 잔잔한 호수가 흐르는 강보다 더 잘 일어나지요.

물수제비의 원리와 잘 뜨기 위한 조건들을 잘 알고 활용하면 물 위

에서 마술을 부리는 듯한 물수제비 놀이를 즐길 수 있답니다.

재미있는 과학 상식 : : : 스킨다이버 속의 과학

혹시 바닷속을 돌아다니는 스킨다이버를 한 경험이 있나요? 스킨다이버에서 숨어 있는 과학을 찾아볼까요? 스킨다이버에서 가장 필요한 것이 잠수통입니다. 잠수통에는 산소 기체가 들어 있어 물속에서 숨을 쉬도록 도와주지요. 그런데 잠수통에는 산소만 있는 것이 아니라 적은 양의 헬륨 기체도 들어 있습니다. 그 이유는 잠수병을 예방하기 위해서라고 하지요. 물속에서 갑자기 물 위로 올라오면 기압이 감소하며 혈액 속의 기체들이 부피가 증가하여 혈관이 막히면서 문제가 생길 수 있습니다. 이를 예방하기 위하여 부피의 증가가 거의 없는 안정한 기체를 넣는데 이것이 바로 헬륨이지요. 또, 잠수부들이 물속으로 천천히 내려가는데 이것도 압력 때문이라고 합니다. 이처럼 물속을 자유롭게 돌아다니는 스킨다이버에는 보이지 않는 과학이 숨어 있답니다.

> **정답**
>
> 물수제비란 호수나 강가에서 할 수 있는 아주 재미있는 놀이 중의 하나입니다. 물수제비는 돌을 물 위로 던져서 물 위를 튀겨 나가며 생기는 물결 모양을 말하지요. 물수제비에서 무엇보다 중요한 것은 돌이 물 아래로 가라앉기 전에 얼마나 많이 물 위에서 튀겨 나가는가겠지요. 결국 돌이 물 위를 많이 튈수록 좋은 것이지요. 이렇게 물수제비를 잘 뜨기 위해서는 과학적인 원리를 잘 알고 있어야 한답니다.

사건의 해결: 가르마를 바꾼 스킨다이버의 속셈 편

　말린은 스킨다이빙을 하다가 트리스크가 물수제비 뜨는 것을 멈추게 하려고 물에서 나왔다고 했다. 만약 말린의 말이 사실이었다면 말린의 머리는 가르마가 지워졌을 것이다. 그런데 말린은 머리빗이 없는데도 가르마를 하고 있었다. 그것을 힌트로 샐리는 무슨 일이 일어났는지를 추리했다. 말린은 트리스크에게서 귀고리를 뺏을 때 옷을 입지 않은 데다 물안경까지 하고 있어서 누구인지 알아보지 못할 것이라고 생각했다. 말린은 항상 가운데 가르마를 하고 다녔지만, 그때는 옷을 입은 후에 옆 가르마를 타서 머리를 빗은 다음 인사이클로피디아 일행이 오는 것을 보고 빗과 귀고리를 덤불 속에 숨겼다. 귀고리는 나중에 다시 와서 가져가려고 했지만 샐리에게 들통이 난 것이다.

맨발의 도둑을 잡아라!

　타이론 테일러는 여학생들을 깍듯이 대하는 남학생이었어요. 아이다빌 시에서 여학생에게 자리를 양보하는 유일한 남학생인 타이론은 버스 안에 빈 좌석이 있어도 여학생이 타면 자리를 양보하려고 일어설 정도였지요. 그런 타이론을 5학년 남학생들은 아서 왕의 원탁의 기사들 중 하나인 갤러해드 경이라고 불렀어요.

　월요일 오후, 타이론이 브라운 사설탐정소를 찾아왔어요. 표정이 아주 안 좋아 보였어요.

　"갤러해드 경이라고 부르지 마."

　타이론이 힘없이 말했어요.

"헛바람 경이라고 불러."

"이번엔 누구였는데?"

인사이클로피디아가 물었어요.

"베티 홀덴. 나한테 딱 좋은 기회였는데 어떻게 됐는지 알아? 짠돌이 스테츠이랑 만나고 있어."

타이론이 말했어요.

"걱정 마. 별명이 왜 짠돌이겠어? 데이트할 때 돈을 절대 안 쓰잖아."

인사이클로피디아가 말했어요.

"나도 그렇게 생각했어. 하지만 어젯밤 보니까 오하라 아저씨의 편의점에서 음료수에 아이스크림까지 사 주더라!"

타이론이 말했어요.

"우아! 돈을 꽤 썼겠는데?"

인사이클로피디아가 외쳤어요.

"네가 좀 도와줘."

타이론은 이 말과 함께 인사이클로피디아의 옆에 있는 휘발유 통 위에 25센트를 탕! 소리 나게 놓았어요.

"짠돌이가 쓰는 돈을 어디서 훔쳤는지 알아봐 줘."

"잠깐만."

인사이클로피디아가 말했어요.

"짠돌이가 돈을 훔쳤다는 건 좀……."

"어제 아침에 짠돌이가 메디컬 빌딩 밖에서 한 일이 뭐냐면 말이지."

타이론이 인사이클로피디아의 말을 끊었어요.

"어제는 일요일이었잖아. 일요일에는 메디컬 빌딩이 문을 안 열어. 짠돌이가 걷던 모습을 네가 보았어야 하는데."

인사이클로디아가 머리를 긁적였어요.

"그래, 보여 줘 봐."

둘은 자전거를 타고 메디컬 빌딩으로 향했어요. 5시가 넘어 빌딩에 도착해 보니 모두들 퇴근을 한 뒤라 주차장이 텅 비어 있었어요.

"어제는 무척 더웠어. 그래서 저 나무 그늘에 앉아 베티를 생각하고 있었지. 그런데 짠돌이와 그의 형이 주차장으로 걸어가는 걸 봤어. 미쳤다니까!"

타이론이 말했어요.

"미쳐?"

인사이클로피디아가 되물었어요.

"아, 글쎄, 몸을 가누기 힘든 것처럼 걷더니만 문짝에 '맥주유소'라고 적혀 있는 빨간 트럭에 올라타는 거야. 그러더니 쌩! 하고 트럭을 몰고 사라졌어."

"그 나무 아래에 가서 앉아 봐."

인사이클로피디아가 말했어요.

"그 애들이 했다는 대로 내가 해 볼게."

탐정은 주차장으로 갔어요. 주차장은 7피트 되는 돌담으로 둘러싸여 있었어요. 탐정은 담장 너머로 타이론이 자신을 볼 수 있는 곳까지 걸어갔어요.

타이론이 말했어요.

"담 위로 아직 머리밖에 안 보여. 그 둘은 허리 아래까지는 보였거든."

인사이클로피디아가 몇 걸음 뒤로 물렀어요.

"멈춰. 거기야."

타이론이 말했어요.

인사이클로피디아는 가느다랗고 길게 그려진 흰 선 위에 멈춰 있었어요. 양쪽으로는 더 짧은 선들이 그어져 주차 공간을 표시하고 있었어요.

"짠돌이와 그 형 피트는 거기서는 안 보이는 흰 선 위를 걷고 있었던 거야."

인사이클로피디아가 큰 소리로 말했어요.

"균형 잡기를 하면서 놀았나 봐."

"놀이라고? 축하 놀이였겠네. 어떤 병원을 막 털고 나서 말이야."

타이론이 우기듯 말했어요. 타이론은 인사이클로피디아를 졸라 결국 인사이클로피디아가 아빠한테 어제 메디컬 빌딩에 도둑이 들었는지 물어 보겠다는 약속을 받아 냈어요.

저녁을 먹으면서 탐정은 아빠한테 물었어요.

브라운 서장이 놀라면서 대답했어요.

"클랜시 경관이 맡았단다. 오늘 아침에 들어온 사건이다."

"뭐가 없어졌는데요, 여보?"

브라운 부인이 물었어요.

"병원 몇 군데를 합해 한 2백 달러 정도 없어졌다더군."

브라운 서장이 말했어요.

"일요일에는 메디컬 빌딩이 잠겨 있지 않나요?"

인사이클로피디아가 말했어요.

"앞문의 자물쇠가 토요일에 부서졌다더라. 오늘 고칠 때까지 경비를 세워 놓았다는구나."

"도둑이 들었을 때 경비는 어디 있었대요?"

브라운 부인이 물었어요.

"급수대에서 물을 마시는데 맨발의 아이 둘이 위층으로 올라가는 것 같아 쫓아갔는데, 모퉁이를 막 도는 순간 눈앞이 번쩍하더니 기절했대. 깨어나니 그 빨간 트럭이 주차장을 빠져나가고 있더라는군."

브라운 서장이 말했어요.

"그러니까 도둑들은 맥 주유소에서 일하고 있군요!"

브라운 부인이 말했어요.

"확실하지 않아요. 그렇잖아도 경비가 곧장 맥 주유소로 전화를 했다는군. 일요일에는 피트 스테츤이 가끔씩 짠돌이라고 부르는 동생과 함께 트럭을 몰고 일 보러 나간다는구려. 주유소로 돌아온 그 애들은 신발을 신고 있었대요."

브라운 서장이 말했어요.

"스테츤 형제는 주차장에서 무얼 하고 있었대요?"

브라운 부인이 물었어요.

"피트 말로는 열쇠를 찾고 있었다는군. 토요일에 마쉘 병원을 다녀가면서 떨어뜨린 것 같다고 했대. 알아보니 정말 의사 선생님을 만났더구먼."

브라운 서장은 수프를 한 숟가락 먹은 후 말을 이었어요.

"도둑들이 소리가 안 나게 하려고 신발을 벗은 건 확실해. 피트와 그 동생이 도둑일지도 모르지. 그런데 그들은 알리바이가 너무 확실해."

브라운 서장이 말했어요.

"그 아이들이 빌딩을 들어갈 때 신발을 안 신었다는 걸 밝히는 증거가 필요하다는 말씀이세요?"

브라운 부인이 말했어요.

"증거가 많을 필요는 없지만 하나도 없으니……."

브라운 서장이 말했어요.

"제가 증거를 드릴게요."

인사이클로피디아가 말했어요.

증거란 무엇일까요?   ◐ 79쪽에 해결이 있어요.

과학 솔루션

도로 위의 차선이 흰색인 이유는 무엇인가요?

도로의 차선에 대하여

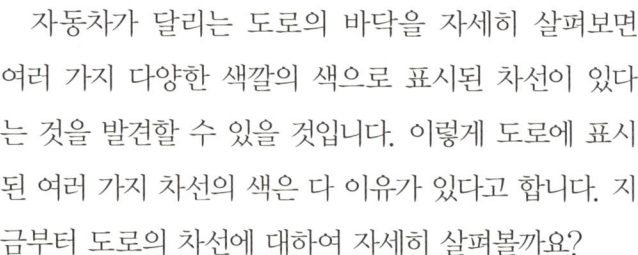

인사이클로피디아는 가느다랗고 길게 그려진 흰 선 위에 멈춰 있었어요. 양쪽으로는 더 짧은 선들이 그어져 주차 공간을 표시하고 있었어요.

자동차가 달리는 도로의 바닥을 자세히 살펴보면 여러 가지 다양한 색깔의 색으로 표시된 차선이 있다는 것을 발견할 수 있을 것입니다. 이렇게 도로에 표시된 여러 가지 차선의 색은 다 이유가 있다고 합니다. 지금부터 도로의 차선에 대하여 자세히 살펴볼까요?

먼저 도로의 차선에는 어떤 색이 있는지 살펴봅시다. 도로의 차선을 관찰해 보면 노란색과 하얀색이 있고 파란색도 발견할 수 있습니다. 이러한 차선의 색은 다 이유가 있지요. 차선의 중앙선이 노란색인 이유는 도로의 색이 아스팔트로 어두운 색을 띠고 있기 때문에 보색 관계인 노란색을 사용한 것입니다. 흰색은 노란색보다는 식별이 떨어지지만 밝은 색이므로 사용된 것입니다.

이번에는 차선의 색이 가진 의미를 좀 더 자세히 살

● 관련 과학 교과 6학년 1학기 1단원 – 빛

도로의 차선

펴봅시다. 차선에서 노란색 실선은 절대로 넘어가면 안 된다는 뜻입니다. 특히 차선이 많은 도로는 중앙선인 노란색이 두 줄로 그어져 있는데 이런 경우는 넘어가면 안 된다는 것을 더욱 강조하는 것이랍니다. 그런데 지방의 소도시에는 중앙선인 노란색 선이 점선인 경우도 있는데, 이것은 중앙선을 넘어 추월이 가능한 지역이라는 것을 나타내고 있지요.

 하지만 중앙선을 넘어 추월하는 경우는 상대편에서 오는 자동차가 있을수도 있으므로 반드시 주의해서 운전해야 합니다.

 도로에서 흰색 선은 같은 방향으로 달리는 차와 차의 경계를 구분해 주는 차선입니다. 따라서 점선으로 표시되어 있는 경우는 넘어가도 됩니다. 하지만 흰색 선이라고 해도 다리, 터널, 교차로 부근 등에서는 점선이 아닌 실선으로 되어 있습니다. 이 경우에는 차선 변경 금지 구역이므로 유의해야 하지요.

 차선의 색이 파란색일 경우에는 버스만이 들어갈 수 있는 버스 전용 차선이므로 일반 자동차가 들어가면 법규 위반이 되므로 유의해야

합니다.

 이처럼 도로의 차선을 살펴보면 모두 중요한 의미가 있습니다. 우리는 노란색과 흰색, 파란색 그리고 점선과 실선의 의미를 좀 더 정확하게 알고 있어야겠지요. 그래야만 혹시 있을 수도 있는 교통사고로부터 우리의 소중한 생명을 보호할 수 있기 때문입니다.

사건을 해결하는 데 도움을 준 과학 지식은 무엇일까요?

 여러분은 날씨가 더운 여름에 아스팔트에서 뜨거운 열기가 올라오는 것을 본 적이 있을 것입니다. 이렇게 뜨거운 아스팔트를 맨발로 걷는다면 어떨까요? 그것은 굉장히 위험한 행동이지요. 하지만 도로 위에 그어진 흰 선은 아스팔트에 비하여 상대적으로 온도가 낮습니다. 여기에서 스테츤 형제는 소리를 내지 않기 위하여 신발과 양말을 모두 벗고 아스팔트의 흰 선 위를 걸어서 건물 안에 들어가 돈을 훔친 것입니다. 따라서 그들이 바로 범인이지요.

> **정답** 자동차를 타고 도로를 달리다 보면 흰색으로 칠해져 있는 차선을 자주 보게 됩니다. 그러면 왜 이렇게 도로에 흰색으로 표시를 해 놓았을까요? 도로에 표시되어 있는 흰색의 선은 달리는 차와 다른 차의 경계를 구별해 주기 위한 것이지요. 흰색인 이유는 도로의 중앙선이 노란색으로 되어 있기 때문에 이것과 구분을 하기 위해서라고 합니다. 이렇듯 도로 위에 그어진 선은 다 이유가 있답니다.

사건의 해결 **맨발의 도둑을 잡아라! 편**

　스테츤 형제는 소리 안 나게 걷기 위해 신발과 양말을 트럭 안에다 벗어 두었다. 주차장의 흰 선을 따라 걸어서 건물 안으로 들어갔고 나올 때도 그랬다.

　인사이클로피디아는 형제가 재미삼아 주차장의 흰 선을 따라 걸은 것이 아니라는 걸 깨달았다. 아주 더운 날, 맨발로 검은 아스팔트 위를 걸으면 불에 덴 것처럼 뜨겁기 때문에 형제는 조금이라도 덜 뜨거운 흰 선 위를 걸었던 것이다.

　타이론의 예리한 눈과 인사이클로피디아의 날카로운 두뇌가 밝혀낸 증거 앞에서 스테츤 형제는 사실대로 털어놓을 수밖에 없었다.

개 수영 대회의 음모를 밝혀라!

오전 내내 인사이클로피디아와 샐리는 사설탐정소 일로 바빴어요. 정오가 되어서야 한가해진 둘은 자전거로 바위 웅덩이로 갔어요. 그곳에서는 아이다빌 시 개 수영 대회가 열리고 있었지요.

"서둘러 가면 결승전은 볼 수 있을 거야."

인사이클로피디아가 말했어요.

샐리가 속상해서 소리쳤어요.

"바위 웅덩이라니! 개는 왜 수영장에 못 들어가는데?"

"보건법에 금지되어 있어."

인사이클로피디아가 말했어요.

"왜?"

샐리가 따졌어요.

"사람들보다도 털이 짧은 개들이 얼마나 많은데."

"사람들로 가득 찬 수영장에서는 개들이 수영하려고 하지 않을걸."

인사이클로피디아가 말했어요.

바위 웅덩이에서 둘은 친구인 팽스 라이브라이트를 만났어요. 팽스의 웃옷에는 '고기 담당자'라고 쓴 배지가 달려 있었어요.

"'경기 담당자'라고 해야 되는 거 아니야?"

샐리가 물었어요.

"아니, 난 고기를 담당하고 있어."

팽스가 말했어요.

"우승하는 개는 5파운드 햄버거를 상으로 받게 되어 있어."

셋은 사람들 속을 지나 바위 웅덩이 가장자리에 섰어요. 바위 웅덩이는 내린 빗물로 찰랑거리고 있었어요.

"너희가 예선을 봤어야 했는데. 결선이 곧 시작될 거야. 단거리 경주로 왕복 한 번이면 끝나."

팽스가 말했어요.

인사이클로피디아는 한 소년이 개 다섯 마리를 한 줄로 준비시키는 것을 유심히 보았어요.

소년은 코커스패니얼을 준비 위치로 옮기고 있었어요. 한 손을 개의 턱 밑에 대고 있었지요.

"저 아이는 누구야?"

인사이클로피디아가 물었어요.

"북쪽 구역에서 온 호레이스 쿠싱. 나나 푸딩헤드처럼 대회 요원이야. 푸딩헤드는 물을 담당하고 있어."

팽스가 설명해 주었어요.

다섯 마리의 개 옆에는 물이 가득 든 1쿼트 그릇들이 놓여 있었어요.

푸딩헤드는 경주가 끝날 때마다 그릇을 비우고 통에서 새 물을 부어 놓는 일을 했어요.

"모든 개들이 1쿼트의 물을 받아. 날이 덥잖아. 목이 말라 경주하다 말고 멈춰서 물을 마시는 개가 나오면 안 되니까."

팽스가 말했어요.

인사이클로피디아는 고개를 끄덕였어요.

모든 개들이 공정한 조건을 누리는 것이 얼마나 중요한지 이해되었어요. 사소한 많은 것들에 성공과 실패가 달려 있으니까요. 우승한 개는 주 챔피언을 뽑는 대회에 나갈 예정이었어요.

"이런 종류의 경주에서는 약한 개를 금방 구별해 내겠다."

인사이클로피디아가 개들을 살피며 말했어요.

"어쨌든 넌 어떤 개를 응원해?"

"랙스, 저 코커스패니얼."

팽스가 말했어요.

"랙스는 먹이를 먹고 나면 귀로 그릇을 닦아 놓는다니까."

"와, 살림하는 주부도 그렇게 하기 힘들 텐데!"

샐리가 감탄한 듯 큰 소리로 말했어요.

바로 그때 출발 신호 소리가 울렸어요.

개들이 순식간에 물로 뛰어들었어요. 그런데 네 마리뿐이었어요. 랙스는 몸을 옆으로 뉘인 채 움직이지 않았어요.

애가 탄 주인이 랙스를 깨우기 위해 안간힘을 썼지만 헛수고였어요. 랙스는 경주가 끝날 때까지 잠에서 깨어나지 않았

어요.

"랙스가 왜 저래?"

샐리가 놀라서 물었어요.

"누군가 랙스가 경주에서 이기지 못하게 하려고 수면제를 먹인 게 아닌가 싶어."

인사이클로피디아가 말했어요.

"어떻게? 지켜보는 사람들이 이렇게 많은데."

샐리가 말했어요.

"이 근방에 사람들의 눈을 피할 수 있는 곳이 있니?"

인사이클로피디아가 물었어요.

"저쪽에."

팽스는 아주 오래전에 지어진 커다란 헛간을 가리켰어요.

"헛간 저 뒤쪽에 수도가 있어. 푸딩헤드가 그곳에서 통에다 물을 채워."

"출발 신호원인 호레이스 쿠싱이 저곳에 간 적 있어?"

샐리가 물었어요.

"두어 차례 정도. 내 짐작에는 그곳에서 몰래 담배를 피웠을걸."

팽스는 대답을 한 후 잠시 생각에 잠겼어요.

"결승에서 이긴 개 있잖아? 주인이 호레이스야. 그러고 보니 2등한 개는 푸딩헤드의 개네!"

팽스가 말했어요.

"둘 중 하나가 좋은 성적을 얻을 욕심에 랙스에게 약을 먹였을 수 있겠네."

샐리가 말했어요.

"나 좀 갔다 와야겠다. 우승한 개에게 햄버거 고기를 줘야 해."

팽스가 말했어요.

팽스가 미처 자리를 뜨기 전에 푸딩헤드가 다가왔어요.

"여기 있어."

푸딩헤드가 팽스에게 반짝이는 1갤런 휘발유 통을 내밀며 말했어요.

"고마웠어."

"휘발유 통을 물통으로 썼단 말이니?"

샐리가 소리를 질렀어요.

"아직 사용하지 않은 새 통이야. 오늘 아침에 아빠가 사 오셨어."

팽스가 샐리를 안심시켰어요.

"물어 볼 게 있는데, 결승 경주 전에 물통을 채울 때 헛간에 다른 사람이 있었어?"

인사이클로피디아가 물었어요.

"호레이스 쿠싱뿐이었어."

푸딩헤드가 대답했어요.

"담배를 비벼 끄고 있었어."

"다시 갔을 때도 여전히 거기 있었어?"

인사이클로피디아가 물었어요.

"그건 모르지. 한 번만 갔으니까. 그릇들에 물을 채워 주고는 결승전이 시작되기를 기다렸어."

푸딩헤드가 말했어요.

푸딩헤드가 떠난 후 샐리가 머리를 흔들며 말했어요.

"푸딩헤드가 통에 물을 채우면서 약을 탔을 리가 없어. 그랬다면 다른 개들도 잠들었어야지. 푸딩헤드는 결백해."

"캐나다였다면 결백할 수 있겠지. 하지만 여기는 미국이야."

인사이클로피디아가 말했어요.

인사이클로피디아의 말은 무슨 뜻일까요?

◯ 93쪽에 해결이 있어요.

과 학 솔 루 션

수면제는
어떤 약인가요?

수면제의 기능

"누군가 랙스가 경주에서 이기지 못하게 하려고 수면제를 먹인 게 아닌가 싶어."
인사이클로피디아가 말했어요.

여러분은 영화나 드라마에서 등장인물이 잠이 오지 않을 경우 수면제를 복용하고 잠을 청하는 것을 본 적이 있을 것입니다. 분명 수면제는 잠이 오지 않을 때 복용하면 잠이 오게 해 주는 약물이지요. 하지만 너무 많이 먹을 경 경우에는 중독 증상이 나타나고 몸에 좋지 않은 영향을 줄 수 있습니다.

지금부터 사람들이 자주 사용하는 약물 중의 하나인 수면제에 대하여 살펴볼까요?

수면제는 우리 몸의 중추 신경을 자극하여 잠을 유도하고 수면 상태를 유지시키는 약물을 말합니다. 수면제는 그 기능에 따라 수면을 유도하는 데 사용되는 것과 수면 시간을 연장시키는 데에 사용하는 것으로 나눌 수 있지요. 대부분의 수면제는 마취제와 같은 중추 신경 억제 작용이 있어 적은 양으로는 진정 작용이 있는 것이 일반적입니다. 하지만 양이 중간 정도일 때는 수면 작용을 하고 그 양이 과량일 때는 혼수 상태와 마비, 호흡 억제 작용을 하므로 위험할 수도 있습니다.

무엇보다 수면제를 복용하는 것이 위험한 것은 바로 중독성을 가지고 있기 때문입니다. 수면제를 지속적으로 복용하고 잠을 청하

수면제

는 경우에는 수면제를 먹지 않고는 잠을 이룰 수가 없지요. 또한 수면제에 의하여 내성이 생기는 것도 문제입니다. 사람에게 수면제에 대한 내성이 생기면 약을 먹지 않을 경우 심한 불면증과 함께 불안감이나 우울증이나 일어날 수 있지요. 또, 충분한 수면을 취하지 못해 체력적으로 기능도 저하되고 만성적인 피로와 스트레스도 생길 수 있습니다. 이로 인하여 다양한 질병에 걸리기 쉽지요.

이처럼 수면제를 복용하는 것은 좋은 점보다는 나쁜 점이 많습니다. 특히 최근에는 수면제의 과다 복용으로 인한 자살이 늘어나고 있는 추세입니다.

따라서 이러한 약물을 효과적으로 관리하고 운영하는 것이 필요하다고 생각됩니다. 우리의 소중한 생명을 잘 지키고 건강하게 살도록 하는 것이 우리 사회의 중요한 기능이 아닐까요?

사건을 해결하는 데 도움을 준 과학 지식은 무엇일까?

각 나라에서 사용하는 단위들은 조금씩 다른 경우가 있습니다. 특히 가까운 나라인 미국과 캐나다가 그런 경우가 있지요.

여기에서는 1갤런의 양이 문제의 열쇠입니다. 캐나다에서는 1갤런의 양이 5쿼트인데 미국에서는 4쿼트이지요. 이렇게 양이 다르니 1갤런의 물로 5개의 쿼트 그릇에 전부 물을 담을 수는 없는 것입니다.

결국 한 번이 아니라 두 번을 왕복해야만 했고 이 과정에서 수면제를 탄 물을 랙스의 그릇에 부어 경기를 망친 것입니다. 결국 푸딩헤드와 호레이스 쿠싱이 같이 범죄를 저지른 것입니다.

> **정답**
>
> 잠이 오지 않는다고 수면제를 복용하고 잠을 자는 것은 몸에 좋지 않은 영향을 미치는 경우가 많습니다. 하지만 어떤 필요에 의하여 수면제를 복용하는 때는 그 기능에 대하여 알고 있는 것이 좋겠지요. 수면제는 중추 신경에 작용하여 수면을 유도하고 수면 상태를 유지시키는 약물을 말합니다. 따라서 수면제를 복용할 경우에는 몸 상태를 고려하여 복용해야 하고 과량으로 복용할 경우에는 문제를 일으킬 수 있으니 유의해야 합니다.

개 수영 대회의 음모를 밝혀라! 편

 인사이클로피디아의 말은 캐나다에서는 1갤런이 5쿼트인데 반해 미국에서는 1갤런이 4쿼트인 것을 지적한 것이다. 푸딩헤드는 의심을 받지 않으려고, 결승 경주 전에 1갤런 휘발유 통에 물을 담기 위해 헛간에 한 번만 다녀왔다고 했다. 그렇다면 1갤런의 통에 든 물로 어떻게 1쿼트 그릇 5개에 가득 물을 채울 수 있었단 말인가! 사실은 두 번을 왕복했고, 그 두 번째 떠 온 물에 수면제를 타 랙스의 그릇에 부어 준 것이다.
 호레이스 쿠싱도 음모에 가담을 했다. 수면제 탄 물이 든 그릇이 랙스 차지가 되도록 거들었던 것이다.
 인사이클로피디아의 재빠른 판단으로 경주는 그 다음 주에 다시 열리게 되었고, 결국 랙스가 우승했다.

지구본을 깨뜨린 범인을 찾아라!

저녁 식사를 마친 브라운 가족이 거실에 앉아 있는데 몰튼 선생님이 들렀어요. 고등학교 선생님인 몰튼 씨는 브라운 서장의 죽마고우였어요.

"이 시간에 미안하네만……."

몰튼 선생님은 사과부터 했어요.

"오늘 우리 반에서 심각한 일이 생겨서 말이네."

몰튼 선생님이 가방을 내려놓고 자리를 잡았어요.

"친구로서…… 자네 도움이 필요해서 말이야."

"알겠네."

브라운 서장이 말했어요.

"사건을 조용히 처리하고 싶은 거로군."
"그렇다네. 우리 반 아이들이 범법자들은 아니니까. 사실은, 법을 어기고 말고 한 사건도 아니네."
몰튼 선생님이 말했어요.
"누군가 체포될까 봐 걱정이라면 그런 일은 없도록 하겠네."
브라운 서장이 미소를 지으며 말했어요.
"자, 무슨 일인지 말해 보게."
"오늘 저널리즘 수업 시간에 시험을 치렀네. 5분 정도 교실을 비웠는데 그 사이에 값비싼 지구본이 산산조각이 났지 뭔가."
"누구 짓인지 밝혀 달라는 말인가?"
"맞네, 누군가 일부러 그랬다는 생각이 들어서 말이네. 사고였을 것 같은데 누가 그랬는지 아이들이 도통 말을 안 하니까."
"고자질쟁이가 될까 봐 모두들 두려워하는군."
브라운 서장이 못마땅한 듯 말했어요.
"범인을 숨기다니! 그런 어리석은 생각을 하는 사람들이 꼭 있다니까."

"저널리즘 시간의 시험은 어떤 것이었나요?"

브라운 부인이 물었어요.

"사진 설명 쓰기였어요. 학생들에게 6장씩 사진을 나눠 주고 그 사진들에 설명을 붙이라는 것이었어요."

몰튼 선생님이 말했어요.

몰튼 선생님이 가방을 열고 시험지들을 꺼내어 브라운 서장에게 보여 주었어요. 브라운 서장은 시험지들을 훑어본 뒤 브라운 부인에게 건네주었어요. 브라운 부인도 죽 훑어본 뒤 인사이클로피디아에게 건네주었어요.

어른들이 사건에 대해 이야기를 나누는 동안 탐정은 시험지들을 주의 깊게 살펴보았어요. 학생들에게는 다 똑같은 사진들이 주어졌는데 사진들에 붙여진 설명들은 놀랄 만큼 저마다 달랐어요.

시험지들 중에서 진 딕먼이라는 학생이 제출한 시험지가 탐정의 눈길을 사로잡았어요. 다른 학생들이 20개에서 50개에 이르는 단어들로 설명을 붙여 놓은 데 반해 진은 오로지 한 단어씩을 붙여 놓았을 뿐이었어요. 바늘이 둘 다 12를 가리키는 시계 사진 밑에는 '정오(noon)'라고 써 놓았어요.

망원경으로 수평선을 살피는 늙은 선장의 사진 밑에는 '보다(sees)'라는 단어가 적혀 있었어요. 하얀 점들이 찍힌 화면을 찍은 사진 아래에는 '레이더(radar)'를, 바람 없이 잔잔한 호수 사진 아래에는 '평평한(level)'이라고 써놓았어요. 일을 하고 있는 도배공의 사진에는 '도배(repaper)', 작은 비행기 한 대를 찍은 사진에는 '홀로(solos)'라는 단어가 적혀 있었지요.

"왜 이렇게……."

인사이클로피디아가 중얼거렸어요.

탐정은 다른 시험지들에 적힌 이름들을 서둘러 살펴보았어요. 시험지에는 로버트 메이슨, 매리 케이스, 안나 맥길, 조지 워스, 마이크 듀발, 필 존슨, 코니 로건, 스콧 먼시, 드와이트 셔먼이라고 적혀 있었지요.

탐정은 두 눈을 감았어요. 두 눈을 감는 것은 탐정이 골똘히 생각을 할 때 나오는 버릇이었어요. 그런 다음에는 질문을 하나 했어요. 탐정이 사건을 해결하는 데 필요한 질문은 하나면 충분했어요.

"몰튼 선생님, 이 학생들이 선생님 수업을 듣는 학생들 다인가요?"

"그래, 규모가 작은 반이지. 여학생 셋에 남학생 일곱이다."

몰튼 선생님이 갑자기 얼굴을 찌푸렸어요. 인사이클로피디아의 무릎 위에 놓인 시험지 뭉치 제일 위에 놓인 진 딕먼의 시험지를 보았기 때문이었어요.

"진이 답을 왜 이렇게 썼는지 이해가 안 되는군."

몰튼 선생님이 말했어요.

"가장 똑똑한 학생 중 한 명인 그 애가 낙제점이라니. 사진마다 겨우 단어 한 개씩이야!"

"더 적을 시간이 없었던 것인지도 모르지. 지구본을 깨트려서 말이야."

브라운 서장이 말했어요.

몰튼 선생님은 고개를 저었어요.

"난 시험지를 나누어 주고 곧바로 나왔어. 그리고 5분 만에 돌아간 거네. 진이나 다른 학생들 모두 수업 시간이 끝날 때까지 답을 쓸 시간은 충분했어."

"자네는 지구본을 깨트린 아이를 밝히려고 했을 텐데, 시간이 걸리지 않았었나?"

브라운 서장이 물었어요.

"아니야. 지구본이 깨진 것은 수업 마치는 종이 울리고서야 알았네. 아이들을 몇 분 동안 내보내지 않고 물었는데 이야기를 하는 애가 없었어."

몰튼 선생님이 말했어요.

"난감한 사건이군. 어떤 남학생이 그랬는지를 다들 입도 벙긋 안 한단 말이지."

브라운 서장이 말했어요.

"여학생이 그랬는지도 모르지요."

브라운 부인이 말했어요.

"두 분 말씀이 모두 맞아요. 남학생 한 명과 여학생 한 명이 범인이에요."

인사이클로피디아가 말했어요.

한순간 방 안이 조용해지며 어른들이 탐정을 경이로운 눈으로 바라보았어요.

"르로이, 그걸 어떻게 아니?"

브라운 부인이 물었어요.

"진 딕먼에게서요."

인사이클로피디아가 대답했어요.

"진하고 이야기를……?"

몰튼 선생님이 놀라며 물었어요.

"아니요, 진의 시험지를 보고 안 거예요."

인사이클로피디아가 말했어요.

"제가 보기에 진은 고자질쟁이라고 놀림 받기도 싫었지만 범인 두 사람이 시치미를 떼고 앉아 있는 것도 싫었던 것 같아요."

"무슨 말인지 이해를 못하겠구나."

몰튼 선생님이 말했어요.

"진은 범인인 남학생과 여학생의 이름을 시험지로 알린 거예요."

인사이클로피디아가 말했어요.

시험지로 어떻게 알렸다는 걸까요? ○ 105쪽에 해결이 있어요.

 과 학 솔 루 션

레이더는 무엇인가요?

레이더의 과학

하얀 점들이 찍힌 화면을 찍은 사진 아래에는 '레이더(radar)'를, 바람 없이 잔잔한 호수 사진 아래에는 '평평한(level)'이라고 써 놓았어요.

　우리의 눈에는 보이지 않지만 물체가 어디에 있고 여기서부터 거리가 어느 정도인지 파악하는 데 많이 사용하는 것이 바로 레이더입니다. 레이더는 군사적 목적이나 배나 비행기의 위치를 찾는 민간용으로 많이 사용하고 있지요. 지금부터 레이더에 대하여 좀 더 자세히 알아볼까요?

　먼저 레이더의 원리에 대해 살펴봅시다. 레이더가 가지고 있는 마이크로파는 파장이 짧아서 직진하는 성질이 있으며 전리층(태양 에너지에 의해 공기 분자가 이온화되어 자유 전자가 밀집된 곳)에서 반사되지 않습니다. 이러한 성질로 인해 안테나에서 발산된 전파는 직선으로 물체에 도달한 후 반사하여 다시 되돌아오지요. 이렇게 다시 반사되어 돌아온 전자기파의 시간을 측정하면 목표한 물체의 거리와 방향, 고도를 알아낼 수 있습니다.

● 관련 과학 교과 6학년 1학기 1단원 – 빛

또한 레이더를 이용해 하늘에 떠 있는 항공기나 선박의 위치 등을 파악하지요.

레이더가 세상에 등장하게 된 것은 1925년 영국의 R. 애플턴이라는 과학자가 전리층의 존재를 밝혀 내기 위한 실험으로 시작되었답니다. 또 거의 같은 시기에 미국의 G. 브레이트와 M. A. 튜브는 펄스파를 이용하여 전리층에서 나오는 반사파를 포착하는데 성공했습니다. 그 후, 영국의 R. 왓슨을 중심으로 펄스파(팽팽한 줄의 한쪽 끝을 아래위로 빠르게 한번 흔들거나 관의 피스톤을 순간적으로 움직이면, 교란이 줄이나 피스톤 내부의 공기를 따라 전파한다. 이와

군사용 레이더

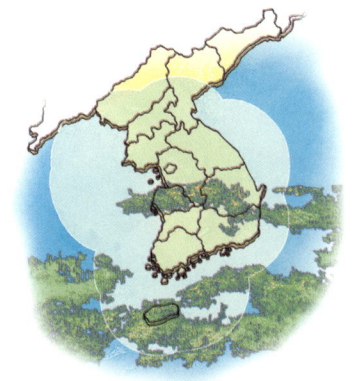

기상 레이더

같이 평행 상태로부터 일어난 순간적인 교란을 말함)를 응용하여 전리층에서 반사하지 않고 목표물을 파악할 수 있는 연구를 진행해 1935년 약 30마일(약 48km) 거리에 있는 비행기를 추적하는 데 성공했지요. 이것이 바로 최초로 등장한 펄스파를 이용한 펄스 레이더입니다.

이러한 레이더는 세계 대전을 치르면서 기능이 크게 발달했어요.

그 후, 군대에서만 사용되었던 레이더가 민간에 사용되면서 더욱 발달했지요. 주로 해상에서 선박의 위치를 찾거나 비행기의 위치를 알려 주고, 기상 관측에도 널리 이용되어 우리의 생활에도 도움을 주고 있지요. 그 밖에도 점점 크기가 소형화되면서 속도를 측정할 수 레이더 건이나 탐지장치 등에도 이용되고 있어 점점 그 기능이 다양화되고 있는 추세입니다.

사건을 해결하는 데 도움을 준 과학 지식은 무엇일까요?

누군가에게 진실을 알리는 암호를 보내도 그 암호를 풀지 못한다면 아무런 소용이 없겠지요. 진 딕먼은 누가 지구본을 깼는지를 알려 주기 위하여 시험 문제에 일부러 동일하게 읽히는 단어를 나열하여 찾게 했습니다. 학생들 중에서 안나와 로버트가 바로 그 범인이지요. 그들은 몰튼 선생이 자리를 비운 사이에 실수로 지구본을 떨어뜨려 깬 것입니다.

정답

레이더는 물체의 거리나 방향을 찾을 때 이용하는 것으로 주로 군대에서 사용하지만 요즘에는 민간에서도 많이 사용하고 있지요. 레이더의 원리는 전자기파를 물체에 발사시켜 그 물체에 맞고 다시 반사되어 오는 전자기파를 측정하는 방법이 이용됩니다. 이를 통하여 물체의 거리와 방향, 고도까지 측정할 수 있으므로 물체를 파악하는 데 도움을 주고 있는 장치이지요.

지구본을 깨뜨린 범인을 찾아라! 편

 진 딕먼은 사진 설명 쓰기 시험에서 사진마다 단어를 한 개씩만 써놓았다. 정오(noon), 보다(sees), 레이더(radar), 평평한(level), 도배(repaper), 홀로(solos), 이 여섯 단어들이 해결의 실마리다. 이 단어들은 앞에서부터 읽으나 뒤에서부터 읽으나 동일하게 읽히는 단어들이다. 인사이클로피디아는 학생들 이름에서 여섯 단어들처럼 앞뒤로 똑같이 읽히는 이름 두 개를 발견했다. 안나(Anna)와 애칭이 바브(Bob)인 로버트다.

 다음날 몰튼 선생은 안나와 바브만 불러 깨진 지구본에 대해 물었다. 몰튼 선생이 다 알고 있다고 생각한 두 학생은 사실대로 이야기를 했다. 몰튼 선생이 자리를 비운 사이에 광대처럼 익살을 부리다 실수로 지구본을 떨어뜨린 것이었다고.

스컹크에게 독약을 먹인 범인의 정체

콜비 브릭스가 브라운 사설탐정소로 들어섰어요.
"스컹크를 어떻게 생각해?"
다짜고짜 콜비가 물었어요.
"스컹크에 대해 나쁜 감정 같은 건 없어."
다른 사람들에게 자신의 의견을 알리는 게 중요하다고 생각하는 인사이클로피디아가 대답했어요.
"나를 성가시게 안 하면 나도 스컹크를 건드릴 일이 없지."
"이웃집에서 애완동물로 스컹크를 키운다면 어때?"
콜비가 물었어요.
"글쎄다……."

인사이클로피디아가 머뭇거렸어요.

"스컹크가 옆에서 산다면 문제가 다르지."

"정말 그래!"

샐리가 맞장구를 쳤어요.

"스컹크 한두 마리가 근처에 살게 되면 다른 스컹크들을 불러들여 어느 사이엔가 스컹크 지역이 된다니까!"

콜비는 주머니에서 25센트 동전을 꺼내 인사이클로피디아의 옆에 있는 휘발유 통 위에 놓았어요.

"우리 집 스컹크 버터컵을 오늘 아침 죽게 만든 사람이 누구인지 알아내 줘."

콜비가 말했어요.

"죽었어? 참 안됐다!"

샐리가 놀라서 말했어요.

"의심 가는 사람은 있어? 잘 생각해 봐. 죽게 만들 정도로 버터컵을 싫어한 사람이 있어?"

인사이클로피디아가 말했어요.

"모르겠어. 스컹크를 키운 다음부터 나한테 말을 건넨 사람이 없어서."

콜비가 대답했어요.

인사이클로피디아가 의자에서 일어났어요.

"사건 현장을 한번 봐야겠다."

콜비의 집은 로버 거리에서 세 골목 떨어진 곳에 있었어요. 집까지 걸어가는 동안 콜비가 스컹크를 애완동물로 키우게 된 사연을 이야기해 주었어요.

2주 전 힘없고 절뚝거리는 스컹크 한 마리가 숲을 나와 돌아다니는 모습이 눈에 띄었어요. 콜비는 동물보호소, 자원 봉사 단체, 경비 부대 등 여러 곳에 전화를 했어요. 하지만 콜비가 발견한 스컹크를 와서 데려가는 곳은 아무 데도 없었어요. 그래서 불쌍한 스컹크를 돌보게 되었지요..

그 후, 날마다 콜비가 개와 고양이들에게 먹이를 줄 때면 스컹크가 어김없이 나타났어요.

"버터컵이 특히 잘 먹는 건 마른 고양이 사료였어."

콜비가 말했어요.

셋은 콜비의 집에 도착했어요.

콜비는 죽은 버터컵을 가리켰어요.

"아직 손 안 댔어."

버터컵은 뒷문 근처에 놓인, 고양이 사료가 반쯤 담긴 그릇 옆에 누워 있었어요. 인사이클로피디아는 버터컵을 살펴보았어요. 핏자국이나 멍은 없었어요.

인사이클로피디아가 주변을 조사하는 동안 샐리와 콜비는 버터컵을 묻어 줄 준비를 했어요. 탐정은 문 곁의 쓰레기통 안에서 뭔가를 발견했어요. 그것은 '독'이라고 표시된 빈 병이었지요. 쓰레기통 옆에서 탐정은 다른 것도 발견했어요. 그것은 학생용 노트 종이였어요.

종이에는 "성공하려면 초과하기를 계속해야 한다."라는 글이 타자로 적혀 있었어요.

인사이클로피디아는 종이를 콜비에게 보여 주었어요.

"내 것이 아니야. 그런데 이게 무슨 뜻이야? 사건의 실마리야?"

콜비가 물었어요.

"아마도. 범인이 주머니에서 독약 병을 꺼낼 때 떨어졌을 거야. 오늘 아침 집 근처에서 본 사람 있어?"

소년 탐정이 물었어요.

"짐 카니스, 버트 펜튼, 척 미셸은 여름 학교를 가려고 항상

우리 집 마당을 가로질러 가. 하지만 오늘 아침에 봤는지는 기억이 안 나."

콜비가 말했어요.

"함께 지나가니?"

샐리가 물었어요.

"아니, 하지만 어쩔 때는 5분도 안 되는 간격으로 줄줄이 지날 때도 있어."

콜비가 말했어요.

그 세 남자아이는 인사이클로피디아도 아는 학생들이었어요. 세 아이는 다음 새 학기에 중학생으로 진급을 하기 위해 여름 학교에서 수업을 하고 있는 중이었어요.

"그들 중 하나가 버터컵 먹이에 독을 뿌린 다음 병을 쓰레기통에 버렸을 수도 있어."

인사이클로피디아가 말했어요.

"누구야?"

샐리가 물었어요.

"학교에 가서 알아봐야겠다."

인사이클로피디아가 말했어요.

샐리는 설명을 해 달라고 했지만 인사이클로피디아는 아직 준비가 안 되었어요. 탐정에게는 사건 해결의 실마리가 하나 더 필요했어요.

세 아이가 아이다빌 초등학교에 도착했을 때는 11시 수업이 막 시작할 때였어요. 셋은 곧장 학교 사무실로 갔어요.

인사이클로피디아는 펄만 교감 선생님과 이야기를 나누었어요. 스컹크를 죽인 독에 대한 이야기와 짐 카니스, 버트 펜트, 척 미셸이 수상하다는 이야기를 했어요.

교감 선생님은 얼굴을 찌푸린 채 이야기에 귀를 기울였어요.
"그럼 내가 어떻게 도와주면 되겠니?"
"오늘 오전에 시험을 치른 학생이 누군지 알아봐 주세요."
인사이클로피디아가 말했어요.

교감 선생님은 탐정 일행에게 기다리라고 한 뒤 사무실을 나갔어요.

펄교감 선생님은 30분 후에 돌아왔어요.
"놀랄 소식이 있다."
사무실에 들어서자마자 교감 선생님이 말했어요.
"세 사람 다 오늘 시험이 있더구나."

"어떤 과목들이에요?"

인사이클로피디아가 물었어요.

"짐 카니스는 8시에 역사 시험을 보았고, 척 미셸은 9시에 철자 시험을 봤더구나. 버트 펜튼은 지금 스페인 어 시험을 보고 있다."

교감 선생님은 말을 멈추고 궁금하다는 눈빛으로 인사이클로피디아를 바라보았어요.

"누가 콜비의 스컹크에게 독을 먹였는지 알아냈다면 그 아이의 이름을 알려 주렴."

펄만 선생님이 말했어요.

"나한테도!"

샐리가 소리쳤어요.

"그렇다면, 범인은 말이죠……."

인사이클로피디아가 말했어요.

인사이클로피디아가 알아낸 범인은 누구일까요?

◐ 117쪽에 해결이 있어요.

과 학 솔 루 션

독성물질은
무엇인가요?

독성 물질에 대하여

그것은 '독'이라고 표시된 빈 병이었지요. 쓰레기통 옆에서 탐정는 다른 것도 발견했어요.

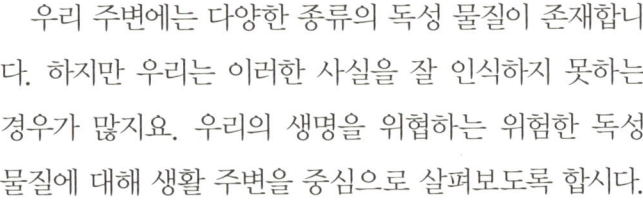

우리 주변에는 다양한 종류의 독성 물질이 존재합니다. 하지만 우리는 이러한 사실을 잘 인식하지 못하는 경우가 많지요. 우리의 생명을 위협하는 위험한 독성 물질에 대해 생활 주변을 중심으로 살펴보도록 합시다.

고체로 된 독성 물질 중 가장 대표적인 중금속으로는 수은, 카드뮴, 납, 크롬 등이 있습니다. 중금속들이 독성을 나타내는 가장 큰 이유는 인간의 몸에 들어올 경우 몸 밖으로 배출되지 않고 쌓이게 되어 생명을 위협할 수 있기 때문이지요. 이러한 중금속들에 의해 발생하는 질병으로는 수은은 미나마타병, 카드뮴은 이타이이타이병을 유발하고 납과 크롬은 각종 암을 일으킨다고 알려져 있지요.

액체로 된 독성 물질로는 대표적인 것이 벤젠과 페놀이 있습니다. 벤젠은 액체와 기체의 상태로 우리 몸에 흡수되는데, 적은 양의 경우에는 두통과 현기증, 호흡 곤란과 구토 증상을 일으키고 양이 많은 경우에는 경련과 혼수상태를 일으키며 심하면 죽게 됩니다. 페놀은 벤젠보다 더욱 강한 독성을 가지고 있어, 우리 몸에 흡수될 경우 심각한 장애가 나타나고 죽음에 이를 수도 있습니다. 실제 우리나라에서도 유독성 페놀이 낙동강에 유입되어 수많은 사람들에게 피해를 준 적이 있었습니다.

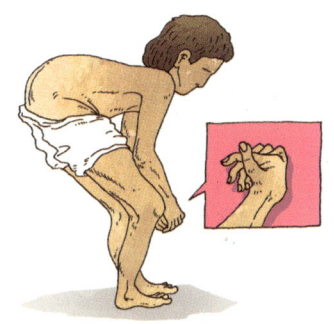

카드뮴 중독으로 생긴 이타이이타이병

기체로 된 독성 물질로는 염소와 일산화탄소, 다이옥신이 대표적입니다. 염소는 2차 세계 대전에서 나치가 유태인을 학살할 때 사용한 것으로 알려진 독성 기체이지요. 일산화탄소는 석탄과 석유가 불완전 연소하여 발생하는 기체이며 많은 양을 흡입할 경우 질식하여 죽게 되지요. 다이옥신은 쓰레기를 태울 때 발생하는 기체로 생물체의 몸에 축적되어 먹이사슬을 따라 이동하는 물질이지요. 따라서 온갖 먹을거리를 통해 사람의 몸에 쌓이게 되면 암을 유발하는 강력한 발암 물질로 알려져 있습니다.

과 학 솔 루 션

이처럼 우리 주변에는 다양한 독성 물질이 존재합니다. 특히 어떤 독성 물질들은 다음 세대에도 영향을 줄 수 있다고 하니 정말 위험지요. 따라서 이런 독성 물질 체계적이고 효과적으로 관리하는 것이 꼭 필요하답니다.

재미있는 동물 이야기 : : : 스컹크에 대하여

여러분은 스컹크라는 동물에 대하여 알고 있나요? 스컹크는 주로 북아메리카 남부와 멕시코 등지에 주로 서식하는 동물입니다. 몸 전체가 검고 광택이 있으며 목에서부터 등까지 양쪽에 하얀 줄이 있지요. 스컹크는 다른 동물보다 아주 특이한 냄새를 풍기는 동물로 유명하지요. 스컹크에는 항문샘이 있어 위험에 닥치면 악취가 있는 황금색의 액체를 뿌려 적을 쫓아냅니다. 스컹크는 주로 야행성으로 낮보다는 밤에 더욱 활발하게 활동한답니다.

정답

우리 주변에는 독성 작용을 하여 인간에게 위협을 주는 물질들이 다양하게 존재합니다. 보통 독성 물질이란 어떤 특이 조건에 있어서 생물체에 독성 작용을 나타내는 물질을 말하지요. 여기에서 말하는 것은 주로 생명을 위협하거나 죽음에 이르게 할 수 있는 것을 말합니다. 가장 대표적인 것으로는 디아옥신, 수은, 카드뮴, 염소 등이 있지요. 따라서 우리는 독성 물질에는 어떤 종류가 있으며 이 물질들을 바르게 사용하는 방법에는 무엇이 있는지 알고 있어야 합니다. 그래야만 우리의 소중한 생명을 지킬 수 있겠지요.

스컹크에게 독약을 먹인 범인의 정체 편

　인사이클로피디아가 추측한 대로 그 종이는 범인이 주머니에서 독이 든 병을 꺼낼 때 떨어진 것이었다. 종이에는 타자로 "성공(succeed)하려면 초과하기(to exceed)를 계속해야(proceed) 한다."고 적혀 있었다. 이 문장은 'ceed'로 끝나는 낱말들을 외우기 위해서 어색하지만 일부러 만든 문장이다. 많은 단어들이 'ceed'와 소리는 같지만 철자가 다른 'cede'로 끝나는 데 비해 'ceed'로 끝나는 단어들은 오로지 succeed, proceed, exceed 세 단어뿐이기 때문이다.
　인사이클로피디아는 범인이 철자 시험에 대비해 위의 세 단어를 외우려고 그 종이를 가지고 있었던 것을 알아차렸다. 그러므로 범인은 척 미셸이었다.

난폭 운전자를 잡아라!

백스터 크롱크마이어가 뻣뻣하게 뒤뚱거리며 브라운 사설탐정소로 들어섰어요. 코 밑에는 종이 콧수염을 붙이고 낡은 커튼으로 바닥에 끌리는 긴 치마를 만들어 두르고 있었어요.

"안녕?"

백스터가 문틀 아래로 몸을 수그리며 말했어요.

백스터는 성장기라고는 하지만 3피트밖에 안 되는 작은 키가 고민거리인 소년이지요.

백스터를 본 인사이클로피디아가 놀라서 자리에서 일어났어요. 그도 그럴 것이 탐정의 얼굴이 백스터의 무릎 높이에 있었으니까요.

"백스터! 너 뭘 먹은 거니? 키 크는 약이라도 먹은 거냐?"

인사이클로피디아가 놀라서 말했어요.

"깜짝 놀랐지?"

백스터가 신이 나서 말했어요. 백스터는 씩 웃으며 허리에 묶은 끈을 풀었어요. 커튼으로 만든 치마가 바닥으로 떨어지자 잠깐 동안에 키가 쑥 자란 비밀이 드러났어요. 백스터는 대말 위에 서 있었어요.

"잭 하이타워를 눈 튀어나오게 놀래 줄 거야."

백스터가 선언을 하듯 말했어요.

그 이름을 듣자 인사이클로피디아는 오싹 소름이 돋았어요. 잭 하이타워는 열여덟 살인데다 키가 7피트나 되고 성질이 불 같아서 주변 사람들을 불안하게 했어요.

"왜 잭한테 그렇게 화가 나 있어?"

샐리가 물었어요.

"난폭 운전!"

백스터가 코웃음을 치며 말했어요.

백스터의 설명에 따르면, 2시간 전쯤 백스터가 자전거를 타고 있는데 잭이 아주 빠른 속력으로 차를 몰고 나타났다는 거예요. 백스터는 간신히 몸을 피했대요.

"난 다치지 않았지만 잭은 내 자전거를 으깨진 국수 가락처럼 깔아 뭉개 버렸어."

백스터가 말했어요.

"확실히 잭이었어?"

샐리가 물었어요.

"판스워스 그랜트가 보았어."

백스터가 말했어요.

"하지만 내가 잭의 집에 가는 데는 동행 안 할 거야."

"겁쟁이 같으니라고!"

샐리가 말했어요.

"잭한테 따지러 가는 길이야. 그래서 이런 차림을 했어. 잭은 열세 살 이후로는 아무도 올려다보지 않았잖아. 나를 보면 기꺼이 내 자전거 값을 물어줄 거야."

백스터가 말했어요.

"100파운드도 안 되는 네 몸무게는 어쩌고. 잭은 240파운드나 나가잖아. 잭이 화나면 그 커튼 자락을 치워 버리고 널 지붕 위로 던져 버릴걸? 그 대말쯤이야 잭이 눈 하나 깜

짝하겠어?"

샐리가 말했어요.

백스터가 움찔했어요.

"여기를 들른 이유가 그거야."

백스터는 25센트를 인사이클로피디아의 옆에 있는 휘발유 통 위에 놓았어요.

"잭이 속아 넘어가지 않으면 나 좀 구해 줘."

인사이클로피디아는 25센트를 바라보며 생각을 했어요. 240파운드에게 밟히면 어떤 느낌일까, 깔리기라도 한다면? 탐정은 사건을 맡지 않고 피할 궁리를 했어요.

마침내 탐정이 힘없는 목소리로 말했어요.

"그게 잭이었는지 확실하지 않아. 운전자가 잭이었는지 못 보았잖아."

"못 봤어. 하지만 차는 잭의 푸른빛을 띤 회색 차였어."

백스터가 대답했어요.

"우리에게 맡겨."

샐리가 인사이클로피디아를 비난하는 눈빛으로 힐끗 보며 말했어요.

"우선 널 일으켜 세울 방법부터 찾아야겠다. 넌 거인이라기보다는 인형 같아."

샐리는 치렁치렁하기만 한 커튼 자락을 수습해 바지 모양으로 만들었어요. 인사이클로피디아는 백스터의 웃옷 속에 옷걸이를 넣어 어깨가 넓어 보이게 했지요.

"8피트 키에 팔이 가장 짧은 사람을 뽑는다면 너일 거야."

인사이클로피디아가 말했어요.

"잭이 눈치 못 채게 손을 호주머니에 넣고 있어야 돼. 이제 가자."

하이타워 가족은 세 골목 떨어진 곳에 살고 있었어요. 한 골목을 지났는데 백스터가 겁이 나는 모양이었어요.

"나 못 하겠어."

백스터는 작은 여자아이 옆에서 멈춰 섰어요. 여자아이는 백스터를 보고 놀라서 타던 세발자전거를 내팽개치고 울면서 집 안으로 도망쳐 들어갔어요.

"조위!"

백스터가 들떠서 소리쳤어요.

"조위가 날 보고 무서워서 도망했어! 잭도 무서워할 거야,

그 치사한 뺑소니 운전자 같으니라고!"

인사이클로피디아는 잭의 집 차고 진입로에 잭의 차가 세워져 있는 것을 보았어요. 잭이 차고 옆에 나타나 셋을 노려보았어요.

"대말 위에 있는 얼간이는 누구냐?"

잭이 물었어요.

"나를 가리키는 거야."

백스터가 울상이 되었어요.

"여기를 벗어나자. 내가 무언가에 홀렸던가 봐."

당황한 인사이클로피디아도 샐리에게 돌아가자고 신호를 했어요. 하지만 이미 한발 늦고 말았어요. 샐리는 양손을 허리에 댄 채 턱을 앞으로 내밀고 서 있었으니까요.

"오늘 아침 거칠게 차를 몰아 백스터 크롱크마이어를 하마터면 죽일 뻔했어. 백스터는 피했지만 백스터의 자전거는 납작떡이 되었다고! 새 자전거 값 받으러 왔어!"

샐리가 잭에게 말했어요.

"너, 맞으려고 기를 쓰는구나?"

잭이 으르렁거리듯 말했어요.

"난 오늘 아침 차를 안 탔어. 차를 이용한 사람은 내 여동생이라고. 하지만 그 애는 운전을 조심해서 해."

잭은 집 안을 향해 소리쳤어요.

"앨리스! 잠깐만 나와 봐."

앨리스 하이타워는 열일곱 살이었지만 키는 샐리만 했어요. 잭은 앨리스에게 무슨 일인지를 말했어요.

"오늘 난 차를 안 탔어. 차를 운전한 사람은 너뿐이야, 맞지?"

앨리스는 겁먹은 얼굴이었어요.

"으, 응."

앨리스는 말을 더듬었어요.

"자, 내가 내 여동생같이 생겼냐?"

잭이 따지듯 물었어요.

"나를 앨리스로 착각하는 사람은 눈이 삔 사람이다. 너희는 엉뚱한 사람을 잡고 있는 거야, 알겠어?"

잭은 자동차의 문을 열고 운전석에 가뿐하게 앉았어요. 안전 밸트는 맬 생각을 안 했어요. 그러고는 시동을 켰지요.

"난 약속이 있어서 말이지."

문을 꽝 닫으며 잭이 말했어요.

"날 권투 헤비급 세계 챔피언 감으로 여기는 사람하고 말이야."

"돌아와서 백스터의 자전거 값 물어 내!"

샐리가 소리쳤어요.

"인사이클로피디아, 그냥 내빼게 둘 거야?"

인사이클로피디아는 다리가 와들와들 떨렸지만 샐리처럼 외쳤어요.

"거짓말하는 거 다 알아. 백스터의 자전거를 깔아뭉갠 거 다 안다고!"

증거가 무엇이었을까요? ◐ 131쪽에 해결이 있어요.

과학 솔루션

성장기는 어느 시기를 말하는 것인가요?

인간의 성장기

백스터는 성장기라고는 하지만 3피트 밖에 안 되는 작은 키가 고민거리인 소년이지요.

혹시 여러분 중에 키가 작은 친구들은 키 때문에 고민을 하고 있지 않나요? 키가 성장하는 시기를 성장기라고 하지요. 우리가 보통 말하는 성장기는 중학교와 고등학교 시기를 말합니다. 중요한 성장기에 대해 좀 더 자세히 알아보도록 할까요?.

먼저 남자의 경우는 보통 13세에서 14세 사이에 사춘기를 겪으면서 급격하게 성장하지요. 일반적으로 남자는 사춘기 이전에 해마다 약 5cm 정도씩 성장하다가 이 시기를 지나면서 평균 8cm에서 12cm 정도씩 성장한다고 알려져 있습니다. 또, 목소리가 변하는 변성기도 같이 겪게 되지요. 가장 많이 성장하는 시기가 15세에서 16세라고 알려져 있으며 보통 18세를 전후로 하여 성장이 어느 정도 끝나게 됩니다. 이 시기에 평균적으로 20cm에서 30cm 정도 성장하는 것이 보통입니

●관련 과학 교과 4학년 1학기 1단원 – 무게 재기 / 5학년 2학기 1단원 – 우리 몸

남자의 성장

다. 키를 크게 하는 성장판이 열려 있으면 나이가 들어서도 성장하는 경우도 있다고 해요. 모든 남자들의 성장기가 똑같은 것은 아니랍니다.

여자의 경우는 남자와는 조금 다릅니다. 보통 11세에서 12세 사이에 가슴이 나오기 시작하면서 사춘기에 접어들게 되지요. 이 시기에는 여자도 남자와 같이 성장 속도가 빠르지요. 하지만 여자의 경우 평균적으로 13세에서 14세에 초경을 하게 되는데 이 시기부터는 성장이 조금씩 느려지게 된다고 하지요. 이렇게 되어 평균 5cm에서 7cm 정도 성장하고 난 후 15세에서 16세 정도에 성장이 멈춘다고 합니다. 따라서 사춘기 시작 시점에서 성장이 멈출 때까지 평균 20cm에서 25cm 정도를 자란다고 보면 되지요. 물론 이것도 꼭 정해진 것이 아니라 개인에 따라 조금씩 다를 수 있지요.

과학 솔루션

여자의 성장

 이처럼 사람의 경우 남자와 여자의 성장은 조금씩 다릅니다.
 결국 아이들의 성장에서 가장 중요한 것이 먹는 습관과 바른 행동이라고 합니다. 아울러 아이들이 바르게 성장하기 위해서는 어른들의 지속적인 관심과 노력이 필요하답니다.

정답

 우리 사람을 포함한 동물들은 일정한 성장기를 가지고 있습니다. 이것은 일정 기간의 성장기에만 크기가 커진다는 것을 의미합니다. 사람의 성장기는 주로 청소년기인 중학교와 고등학교의 시기를 말하지요. 생물학적 의미의 성장기는 성장판이 닫히기 전까지를 말하는 것이 일반적입니다. 하지만 사람에 따라 서로 조금씩 다르지요. 어떤 사람의 경우에는 성인이 되어도 성장하는 경우가 있기 때문입니다. 결국 사람의 성장기는 개인의 차이가 존재한다는 것을 기억해야 한답니다.

난폭 운전자를 잡아라! 편

앨리스는 오빠를 돕기 위해 거짓말을 했다. 두 남매의 체격 크기가 다른 점이 인사이클로피디아에게는 실마리가 되었다. 앨리스는 샐리만 했지만 잭은 7피트였다.

하지만 잭이 운전석에 앉을 때는 의자 공간을 조절하지도 않은 채 편안하게 앉았다. 앨리스가 운전한 게 사실이라면 잭은 자신의 긴 다리에 맞춰 의자를 뒤로 밀어야만 했을 것이다. 자신의 행동으로 인해 자신의 주장이 뒤집힌 잭은 별 수 없이 백스터에게 자전거 값을 물어 주었다.

과학탐정 브라운 10

펴낸날	초판 1쇄 2011년 11월 30일
	초판 4쇄 2020년 6월 30일

솔루션 집필 및 감수　신나는 과학을 만드는 사람들
지은이　도널드 제이 소볼
그린이　박기종
옮긴이　이정아
펴낸이　심만수
펴낸곳　(주)살림출판사
출판등록 1989년 11월 1일 제9-210호

주소　·　경기도 파주시 광인사길 30
전화　　031-955-1350　　팩스　031-624-1356
홈페이지　http://www.sallimbooks.com
이메일　book@sallimbooks.com

ISBN　978-89-522-1603-8　74840
ISBN　978-89-522-1176-7　74840(세트)

살림어린이는 (주)살림출판사의 어린이 브랜드입니다.

※ 값은 뒤표지에 있습니다.
※ 잘못 만들어진 책은 구입하신 서점에서 바꾸어 드립니다.

사용연령 8세 이상　　**제조국** 대한민국
제조년월 2020년 6월 30일　**제조자명** (주)살림출판사
연락처 031-955-1350
주소 경기도 파주시 광인사길 30
주의사항 책을 던지거나 떨어뜨리면 모서리에 다칠 우려가 있으니 주의하세요.

KC마크는 이 제품이 공통안전기준에 적합하였음을 의미합니다.